CHATEAU
HAUT-TERROIR

샤또 오 떼루아르

CHATEAU HAUT-TERROIR

초판 1쇄 인쇄일_2007년 9월 20일
초판 1쇄 발행일_2007년 10월 1일

엮은이_고기성
펴낸이_최길주

펴낸곳_도서출판 BG북갤러리
등록일자_2003년 11월 5일(제318-2003-00130호)
주소_서울시 영등포구 여의도동 14-5 아크로폴리스 406호
전화_02)761-7005(代) | 팩스_02)761-7995
홈페이지_http://www.bookgallery.co.kr
E-mail_cgjpower@yahoo.co.kr

값 18,000원

ISBN 978-89-91177-48-2 03900

세계 와인의 역사와 유래

샤또 오 떼루아르

고기성 엮음

BG 북갤러리

고기성의 삶은 참으로 재미있는 인생의 파노라마다. 서울 오산고등학교에서 물리를 공부하고 대전 배재대학교 화학과에 입학했다. '원소 주기표'를 외우는 데만 한참 걸렸다. 3학년 때 군대에 보병으로 입대해 걷다가 재대하는구나 생각했다가 공병으로 변경되어 '삽질'만 하다가 재대했다. 재대 후 서울산업대 토목과로 3학년에 편입했다. 남들이 2년 공부한 것을 따라가는 데만 한참이 걸렸다.

토목기사 1급을 따고, 토목 엔지니어링에 근무하다가 출장 중 그만 다니라는 아내의 말에 그럼 나중에 장사할 수 있게 기술을 배워야겠다는 생각으로 30살의 나이에 이탈리안 레스토랑 본쁘스또에 신입직원으로 입사했다. 입사 동기와 무려 10살의 나이 차이가 났다. 물 컵이 고블렛이라는 것을 그때 처음 알았다. 남들보다 앞서야만 했다. 10살의 나이 차이를 극복해야만 했다. 그래서 영어회화와 와인을 공부하기로 했다. 영어회화는 나에게 필요한 것을 중점으로 시작했다. 듣지는 잘 못하지만 하고 싶은 말은 유치원 아이가 하는 정도로 할 수 있게 되었다. 그러나 와인이 문제였다.

보통 골치 아픈 녀석이 아니었다. 시중에 나와 있는 와인 서적을 닥치는 대로 읽었다. 하지만 '들장미, 아이리스, 제비꽃을 한아름 입에 물고 키스하는 느낌', '고양이 오줌 냄새와 오래된 워커의 향이 시가와 성냥 연기처럼 올라오고 있다', '타르, 벤젠의 화학 향이 어느덧 향기로운 카시스 향으로 바뀌는 그 순간을 기억하라' 등의 경험에서 들려주는 시적 표현과도 같은 의미를 좀처럼 이해할 수가 없었다.

와인의 묶여진 비밀의 매듭을 풀고 싶었다. 언어가 문제였다. 프랑스 와인을 공부하려고 불어 사전을, 이태리 와인을 위해 이탈리아어 사전을, 스페인, 칠레, 아르헨티나 와인을 위해 스페인어 사전을, 포르투갈 와인을 위해 포르투갈어 사전까지 구입해서 단어를 찾았다. 단어의 뜻은 조금씩 이해할 수 있었지만 매듭을 풀 수가 없었다. 그 나라의 문화를 이해하지 못하고 있기 때문이었다.

그래서 헌책방에서 고등학교 지리부도, 역사부도를 구입하고, 그 나라의 문화를 알기 위해 세계사에 관한 책과 그리스 로마 신화까지 다시 보게 되었다.

4년이란 세월이 걸렸다. 지금은 본뽀스또의 지배인이요, 고주원, 고주희의 아빠가 되었다. 주원, 주희의 이름을 짓는 데도 많은 시간이 걸렸다. 와인을 만든 사람도 아마 마지막에 이름을 짓기 위해 많은 생각을 했을 것이다. 'Chateau Haut Terrior' 는 내가 만든 나의 불어식 이름이다.

이 책에는 나의 주관보다는 와인을 만든 장인들의 마지막 고민 가운데 하나인 이름을 풀이하여 알기 쉽게 설명한 것뿐이지만, 나처럼 와인을 공부하려다 매듭을 풀지 못하는 이들에게 보다 좋은 해결책이 될 것이다.

끝으로 책을 쓸 수 있도록 용기를 전해준 사랑하는 나의 아내 이지현과 회사에서 "고파파 파이팅!"하며 나를 믿어준 가족 같은 나의 동료 윤정, 선경, 세라, 지은, 가연에게 감사의 마음을 전한다.

고기성

차례

	와 인 명	Chateau Haut-Terroir
	의 미	Chateau(불어로 '성(곽)', '성채'의 뜻으로 한자로는 城(성 성)의 의미) Haut(불어로 '높은'의 뜻으로 高(높을 고)의 의미) Terroir(불어로 '토지, 지방, 산지'의 뜻으로 基(터 기)의 의미) 저자의 이름(고기성(高基城))을 불어로 표현함
	산 지	Buon(=Good '좋은') Posto(=Place '장소')
	사 이 트	www.buonposto.co.kr

1. 와인(Wine)이란

　와인은 영어로 (Wine)와인, 불어로 (Vin)뱅, 독일어로 (Wein)바인, 이탈리아, 스페인어로 (Vino)비노, 포르투갈어로 (Vinho)빈호, 라틴어로 (Vinum)비눔, 그리스어로 (Woinos, Oinos)와이노스로, 그 어원은 고대 인도 베다(Veda)시대에 불로장생의 음료를 뜻하는 고대 인도 언어인 산스크리트어로 '사랑 받는' 의 뜻이다.

2. 혈액형과 같은 포도 품종

포도의 품종은 기록된 수만 해도 1,000가지가 넘는다고 한다. 그 중에서 재미있는 유래들을 토대로 들여다보기로 하자. 기본적으로 포도 품종의 이름은 특별한 것을 제외하고 그것의 맛, 색, 향, 모양, 성격, 재배지역을 기초로 불린다.

1) 지명에서 유래

① Ottavianello(오타비아넬로) : 이태리 캄파니아(Campania)의 오타비아노(Ottaviano) 지역에서 유래

 ※ 'Otta'는 그리스어 어원의 '8'을 의미

② Francavilla(프랑카 빌라) : 이태리 프란카 빌라 폰타나(Francavilla Fontana) 지역에서 유래

 ※ Franca('프랑스 민족의') + Villa('별장, 지방') Fontana('샘, 우물')를 의미

③ Pompeiana(폼페이아나) : 이태리 시칠리에서 무르젠티나라 불리다 폼페이로 옮겨온 후에 폼페이아나(Pompeiana)로 변함

④ Vernaccia(베르나차) :

 a) 지역('Local')을 의미하는 라틴어 베르나쿠루스(Vernaculus)에서 유래

 b) 이태리 칭퀘 테레(Cinque Terre)에 있는 리구리아(Liguria)의 마을인 베르나짜(Vernazza)에서 유래

 ※ Cinque('(기수) 5의') Terre('대지, 지역')

⑤ Falanghina(팔란기나) : 이태리 캄파니아 품종으로 Falerno(팔레르노) 지명에서 유래

⑥ Sangiovese(산지오베제) :

  a) 이태리 산탄젤로 디 로마냐(Sant' Angelo di Roma-
gna) 근처에 있는 언덕인 몬테 지오베(Monte Giove)
에서 유래

  b) Sangue('피') di(~의) Giove('지오베') : '지오
베의 피'

  ※ Sant('성스러운') Angelo('천사') Giove(그리스 로마 신
화의 쥬피터(하늘의 신, 그리스 신화의 제우스에 해당함))

⑦ Gewurztraminer(게부르츠 트라미네르) :

  '향신료'를 뜻하는 독일어 Gewurz와 북부 이태리에 위
치한 Traminer(트라미네르) 마을에서 유래

⑧ Greco(그레코) :

  Greco '그리스의' 란 뜻에서 볼 수 있듯이 그리스에서 태
어난 품종. 기타. 가르가네가(Garganega)와 그레체토
(Grechetto) 역시 Greco '그리스의' 란 어원을 갖고 있다.

⑨ Aglianico(알리아니코) :

  a) '엘리니꼬(ellinico)' 의 어원으로 '그리스의' 에서 유래

  b) 라틴어 알라이아(Aglaia) '화려함' 에서 유래

⑩ Chardonnay(샤르도네) : 프랑스 '마꼬네' 지방의 천년
이상 된 마을 이름에서 유래

⑪ Gamay(가메) : 프랑스 Cote de Beaune(꼬뜨 드 본느)
지방의 마을 명인 가메이에서 유래

⑫ Maceratino(마체라티노) :

  이태리 베르디키오(Verdicchio)의 변종으로 마체라타
(Macerate)라는 마을 이름에서 유래

⑬ Syrah(쉬라) :

  a) 이란의 'Shiraz' 마을에서 유래

  b) 이태리 시칠리 남동부 항구도시 'Syracuse(시라쿠
    즈)' 에서 유래

⑭ Croatina(크로아티나) : '크로아티아인의' 란 뜻의
                        'Croato' 에서 유래

⑮ Uva di Troia(우바 디 트로이아) :

  '포도' 란 뜻의 'Uva' 와 트로이(소아시아 북서부에 있
  는 고대 도시) Troia의 뜻으로 지금의 그리스 지역이었
  던 트로이가 멸망할 때 가까운 이태리의 뿔리아 지방으
  로 전해진 품종

⑯ Negoska(네고스카) :

  마케도니아의 중요한 품종으로 Naoussa('나우싸' = 그
  리스 주요 와인 생산지)를 뜻하는 슬라브어 네구쉬
  (Negush)에서 유래

⑰ Weissburgunder(바이스 부르군더) = Pinot Blanc :
  '흰, 백색의, 무색의' 를 뜻하는 독일어 'Weiβ' 와 부르
  군트 사람, 부르고뉴 사람' 을 뜻하는 'Burgunder' 에
  서 유래

⑱ Portugieser(포르투기저) :

  '포르투갈 사람' 을 뜻하는 독일어 'Portugiese' 에서 유래

⑲ Schiava(스키아바) :

  '노예의, 슬라브니아(인)의' 를 뜻하는 Schiavo에서 유래

⑳ Marsanne(마르쌘느) :

  프랑스 부르고뉴 지역 내 Cote d' Or의 Marsannay 지역에서 유래

2) 맛과 향에 의한 유래

① Nasco(나스코) : 이태리 사르데냐 섬의 품종으로 '덤불 냄새' 를 뜻하는 무스쿠스(Muscus) 혹은 무스키(Musky)에서 유래

② Zibibbo(지빕보) : 이집트가 원산지인 품종으로 아프리카어로 '건포도' 를 의미

③ Moscato(모스카토) : 포도가 지닌 향에서 착안 '사향' 을 뜻하는 무스꿈(Muscum)에서 유래

④ Bosco(보스코) : '숲, 삼림지' 를 뜻하는 'Bosco' 에서 유래

⑤ Asprinio(아스프리니오) : '신, 시큼시큼한' 을 뜻하는 'Aspro' 에서 유래

⑥ Ciliegiolo(치리에올로) : '버찌, 벚나무 열매' 를 뜻하는 'Ciliegia' 에서 유래

⑦ Erbaluce(에르발루체) : '풀, 초목, 향초' 를 뜻하는 'Erba' 에서 유래

⑧ Prosecco(프로세코) : '쓴 맛이 나는' 을 뜻하는 'Secco' 에서 유래

⑨ Prugnolo(프루뇰로) : '오얏나무, 서양자두나무' 를 뜻하는 'Prugno' 에서 유래

⑩ Fume Blanc(퓨메 블랑) : '연기 냄새가 난다' 는 뜻의 'Fume' 와 '흰(색)' 을 뜻하는 Blanc에서 유래

⑪ Sylvaner(실바네르) : '산림, 산림의 수목' 을 뜻하는 'Silva' 에서 유래

⑫ Dafni(다프니) : 그리스 크레테의 전통 품종으로 그리스어로 '월계수' 를 의미

⑬ Mavrodafni(마브로다프니) : '검정(색)' 을 뜻하는 'Mavro' 와 월계수를 의미하는 'Dafni' 에서 유래

⑭ Xynomavro(시노마브로) : '산' (acid)과 '검정색' (Black)을 뜻하는 그리스의 합성어

⑮ Chenin Blanc(슈냉 블랑) : '(옛날의) 참나무 숲' 을 뜻하는 'Chene' 과 '흰(색)' 을 뜻하는 Blanc에서 유래

⑯ Negro Amaro(네그로 아마로) : 지역 사투리인 '니우루 마루(niuru maru)' 에서 유래 Negro('검은') Amaro('쓴맛이 나는')

⑰ Furmint(펄민트) : Fur('털이 많은') + Mint('박하')에서 유래

⑱ Dolcetto(돌체토) : '약간 달다' 란 뜻의 이태리어에서 유래

⑲ Cabernet Sauvignon(까베르네 쏘비뇽) :

　Caber('통나무') + Net('순수한') Sauvignon(Sauvage '야생의' 에서 유래)

⑳ Grenacha(그레나차) : '석류' 에서 유래

3) 모양과 색에 의한 유래

① Nuragus(누라구스) : 이태리 사르데냐 섬에서 발견된 누라게(Nuraghe)라는
　　　　　　　　　　'선사시대 돌탑' 에서 유래

② Grignolino(그리뇰리노) :

　a) 지방사투리로 '포도의 많은 씨' 를 의미하는 '그리뇰레(Grignole)' 에서 유래

　b) 아스티 지방 사투리 '그리냐레(Grignare)' '웃는다' 에서 유래

③ Cortese(코르테세) : 이태리어로 '우아한, 상냥한' 의 뜻

④ Pinot Meunier(피노 메니에) :

　'작은 솔방울' 을 의미하는 Pinocchio(매우 작은 알맹이가 촘촘하게 붙어있는

　모양이 솔방울을 닮은 데서 유래)와 Meunier(① 제분업(자) ② 푸른 긴 꼬리박

　새)로 포도 잎 뒷면에 솜털이 많이 나 있어 밀가루를 뿌린 것 같은 데서 유래

⑤ Carmenere(까르메네르) : '진홍색' 을 뜻하는 카르메네 'Carmene' 에서 유래

⑥ Corvina(코르비나) : '검고 윤나는, 칠흑의' 를 뜻하는 Corvino에서 유래

⑦ Coda di Volpe(코다 디 볼페) : '꼬리' 를 뜻하는 Coda와 '여우' 를 뜻하는
　　　　　　　　　　　　　　　Volpe로 '여우의 꼬리' 를 뜻함

⑧ Lambrusco Salamino(람브루스코 살라미노) :

　작고 빽빽하며 작은 살라미를 닮은 원통형의 포도송이에서 유래

　'야생포도' 를 뜻하는 Lambrusque에서 유래

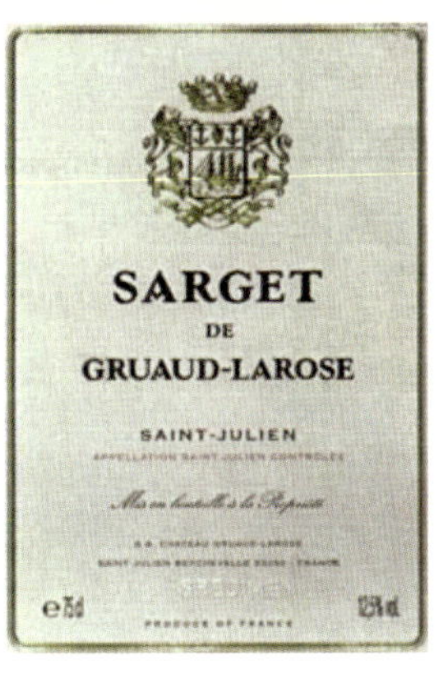

⑨ Lacrima(라 크리마) : '눈물'을 뜻하는 crima에서 유래

⑩ Nebbiolo(네비올로) : 포도를 수확하는 늦가을 언덕을 감
싸고도는 '짙은 안개' 'Nebbia'에
서 유래

⑪ Barbera(바르베라) : '미개의, 야만의, 이국의' 뜻의
'Barbaro'에서 유래. 거칠고 반드
럽지 않은 질의 품종에서 유래

⑫ Tinto Fino(틴토 피노) = Tempranillo :
'붉은'의 뜻인 'Tinto'와 '화사한, 순수한'의 뜻인 Fino
에서 유래

⑬ Petit Rouge(쁘띠 루제) : '어린'의 뜻인 'Petit'와 '붉
은'의 뜻인 'Rouge'에서 유래

⑭ Rossese(로세제) : '붉은색, 적색'의 Rossezza에서 유래

⑮ Trebbiano(뜨레비아노) : '탈곡(기)'의 뜻인 'Trebbia'에
서 유래

⑯ Verdeca(베르데까) : '녹의, 초록색, 설익은'의 'Verde'
에서 유래

⑰ Verdicchio(베르디키오) :
'초록빛을 띤'의 'Verdiccio'에서 유래
기타) Verduzzo, Vermentino, Vernaccia

⑱ Vespaiola(베스빠이올라) : '나나니벌의 벌집, 말벌의 벌
집'의 'Vespaio'에서 유래

⑲ Pinot Gris(피노 그리) : '작은 솔방울'을 의미하는 'Pin-
occhio'와 '회색의' 의미하는
'Gris'에서 유래

⑳ Clairette(클라레) : '(빛, 소리가) 연한, 엷은, 묽은' 의 'Clairette' 에서 유래

㉑ Arneis(아르네이스) : '부드럽고 우아하다' 의 'Arnejs' 에서 유래

㉒ Ugni Blanc(위니 블랑) : '불' 을 의미하는 인도 유럽어족의 언어 'Ugni' 와
'흰(색)' 을 의미하는 'Blanc' 에서 유래

㉓ Pinot Blanc(피노 블랑) : '작은 솔방울' 을 의미하는 'Pinocchio' 와 '흰(색)'
을 의미하는 'Blanc' 에서 유래

㉔ Pinotage(삐노타쥬) :

삐노 누아르(Pinot Noir)와 쌩쑈(Hermitage(은둔자))의 교배종으로 Pinot('작은
솔방울' 을 의미하는 'Pinocchio')와 '성질, 경향' 을 뜻하는 형용사 어미 '- age'
의 합성어

㉕ Petit Verdot(쁘띠 베르도) :

'어린' 의 뜻인 'Petit' 와 '신', '떫은 맛' 을 의미하는
Verdelet, Verdeur에서 유래

㉖ Bombino Bianco(봄비노 비앙꼬) :

'아기' 를 뜻하는 'Bombino' 와 '흰(색)' 을 의미하는
'Bianco' 에서 유래

㉗ Bombino Nero(봄비노 네로) :

'아기' 를 뜻하는 'Bombino' 와 '검정(색)' 을 의미하는
'Nero' 포도송이가 마치 아기가 팔을 밖으로 뻗고 있
는 듯한 형상에서 유래

4) 기타

① Holconia(홀코니아) :

로마사회에서 중요한 가문이었으며 그 포도밭을 소유

한 홀코니(Holconii) 가문에서 유래

② Merlot(메를로) :

멜르(Merle)란 '티티새'의 프랑스어에서 유래. 포도를 공격하는 가장 나쁜 적이란 의미

③ Muller – Thurgau(뮬러 투루가우) :

리슬링(Riesling)과 Sylvaner(실바나)의 교배종으로 투루가우(Thurgau) 출신의 뮐러(Muller) 박사가 개발한 품종

④ Grillo(그릴로) : '귀뚜라미'의 'Grillo'에서 유래

⑤ Bonarda(보나르다) : '기분 좋은'의 'Bonario'에서 유래

⑥ Primitivo(프리미티보) :

'원시의', '최초의' 의미로 다른 종류의 포도나무보다 일찍 익기 때문에 이름 붙여짐

⑦ Monic(모니카) : '고귀, 유일한'의 'Monic'에서 유래

⑧ Uva Rare(우바 라레) :

'포도'를 뜻하는 'Uva'와 '진귀한, 뛰어난'의 뜻인 'Rare'에서 유래

⑨ Tempranillo(템프라니오) :

Tempranillo란 영어로 'Early'의 뜻을 가진 스페인어로 날씨가 더우면 수확기가 빨라지는 데서 유래됨

3. 제우스의 넓적다리 모양을 본떠 만든 와인 병

　　로마 신화에서 대지의 풍요를 주재하는 신인 한편, 포도재배와 관련하여 술의 신이 되기도 하는 디오니소스(Dionysos)는 '어머니가 둘인 자'라는 뜻이다.

　　올림푸스 최고의 신인 제우스는 그의 아내 헤라 몰래 세멜레라는 인간과 바람을 피운다. 이를 질투한 제우스의 아내 헤라는 노파로 변장하여, 요즘 신을 사칭하는 인간이 많으니 그가 신이라면 무장한 모습을 보여 달라고 세멜레를 꼬득인다. 이에 세멜레는 제우스에게 소원 하나를 들어달라고 하자 제우스는 스틱스강에 맹세하고 어떤 소원이라도 들어주기로 약속한다. 이에 세멜레는 무장한 신의 모습을 보여 달라고 청한다. 이미 스틱스강에 맹세한 제우스는 가장 가벼운 갑옷과 번개를 들고 나타나지만, 인간인 세멜레는 그 열기에 그만 그 자리에서 타죽고 만다. 하지만 그녀의 뱃속에는 이미 제우스의 아이가 자라고 있었다. 제우스는 이 아이를 그의 넓적다리 속에 넣고 달이 찰 때까지 키운 후 니사의 요정(님프)의 손에 넘긴다. 디오니소스는 먼저 이집트로 갔고, 이어 시리아로 옮겼다가 아시아 전역을 떠돌아다니면서 포도재배를 각지에 보급, 문명을 전달했다고 전한다.

　　제우스의 '넓적다리'의 의미에서 예전에 이용했던 가죽 부대나 현재 사용하고 있는 와인 병의 모양이 넓적다리 모양이란 것을 생각해 볼 문제이다.

4. 헬레네의 유방 모양을 본떠 만든 와인 글라스

  백조로 변한 바람기 많은 제우스와 인간인 레다(혹은 네메시스) 사이에서 태어난 헬레네(Helene = (헬렌(Helen : 영국), 엘렌(Helen : 프랑스), 헬레나(Helena : 독일), 엘레나(Elena : 에스파냐, 이탈리아) 등으로도 불리움)는 미의 여신 아프로디테의 도움으로 남편이 없는 틈을 타서 트로이의 왕자 파리스와 함께 트로이로 건너감으로 10년 동안이나 계속되는 '트로이 전쟁'의 원인이 된다. 최초의 와인 글라스는 지구상의 최고의 미녀였던 반신반인이었던 헬레네의 유방 모양을 본떠 만들었다고 전해진다.

  참고로 성경 구절을 참고하면,

  '배꼽은 섞은 포도주를 가득히 부은 둥근 잔 같고, 허리는 백합화로 두른 밀단 같구나' (아가 7:2)

로 배꼽 모양을 본떠 잔을 만들었다고도 전해진다.

5. 현존하는 최고의 역사기록 성경 속의 와인 이야기

성경의 제일 먼저 나오는 창세기의 히브리 이름은 '브레쉿('한 처음에')'의 뜻으로, 이 책을 그리스어로 옮긴 70인 역 성서에서는 '게네시스('기원, 시작'이란 뜻의 그리스어)'로 요즈음 우리가 보는 창세기는 유대인들이 바빌론 유배를 다녀온 다음인 기원전 400년경에 이루어졌다고 본다. 그럼 기원전 400년경의 포도주에 관한 에피소드와 생활상을 들여다보자.

1) 술버릇

- 창세기 9:20 (술 취하면 옷을 훌러덩 벗어 던지는 사람)

  노아가 농업을 시작하여 포도나무를 심었더니 포도주를 마시고 취하여 그 장막 안에서 벌거벗은지라.

- 창세기 49:12 (술 취하면 눈이 빨갛게 충혈 되는 사람)

  그 눈은 포도주로 인하여 붉겠고, 그 이는 우유로 인하여 희리로다.

- 시편 78:65 (술 취하면 고성방가하는 사람)

  때에 주께서 자다가 깬 자 같이, 포도주로 인하여 외치는 용사같이 일어나사.

- 잠언 20:1 (술 취하면 거만해지는 사람)

  포도주는 거만케 하는 것이요, 독주는 떠들게 하는 것이다.

- 잠언 23:31 (술이 술술 내려간다.)

  포도주는 붉고 잔에서 번쩍이며, 순하게 내려가나니 너는 그것을 보지도 말지어다.

- 이사야 5:11 (낮술 및 밤 늦게까지 술 마시는 사람)

  아침에 일찌기 일어나 독주를 따라가며 밤이 깊도록 머물러 포도주에 취하는 그들은 화 있을진저.

- 이사야 24:11 (술 더 달라고 소리지르는 사람)

  포도주가 없으므로 거리에서 부르짖으며, 모든 즐거움이 암흑하여 졌으며, 땅의 기쁨이 소멸되었으며

- 이사야 28:7~8 (술 취해 비틀거리며 토하는 사람)

  이 유다 사람들도 포도주로 인하여 옆걸음 치며, 독주로 인하여 비틀거리며, 제사장과 선지자도 독주로 인하여 옆걸음 치며, 포도주에 빠지며, 독주로 인하여 비틀거리며, 이상을 그릇 풀며, 재판할 때에 실수하나니 모든 상에는 토한 것, 더러운 것이 가득하고 깨끗한 곳이 없도다.

- 예레미아 35:5 (사발에 '원샷' 하라는 사람)

  내가 레갑 족속 사람들 앞에 포도주가 가득한 사발과 잔을 놓고 마시라 권하매.

2) 포도주의 활용

- 창세기 49:11 (옷의 염색에 활용)

  그 옷을 포도주에 빨며, 그 복장을 포도즙에 빨리로다.

- 민수기 15:7 (방향제로의 활용)

  전제로 포도주 한 힌의 삼분지 일을 드려 여호와 앞에 향기롭게 할 것이요.

- 잠언 9:2 (음식에 혼합)

  짐승을 잡으며 포도주를 혼합하여 상을 갖추고

- 아가 1:2 (작업용 멘트 1)

  내게 입 맞추기를 원하니 네 사랑이 포도주보다 나음이로구나.

- 아가 4:10 (작업용 멘트 2)

  나의 누이 나의 신부야, 네 사랑이 어찌 그리 아름다운지 네 사랑은 포도주

에 지나고, 네 기름의 향기는 각양 향품보다 승하구나.

- 아가 7:2 (작업용 멘트 3)

배꼽은 섞은 포도주를 가득히 부은 둥근 잔 같고, 허리는 백합화로 두른 밀단 같구나.

- 아가 7:8~9 (작업용 멘트 4)

네 유방은 포도송이 같고, 네 콧김은 사과 냄새 같고, 네 입은 좋은 포도주 같을 것이니라. 이 포도주는 나의 사랑하는 자를 위하여 미끄럽게 흘러내려서 자는 자의 입으로 움직이게 하느니라.

- 아모스 2:8 (벌금으로 이용)

모든 단 옆에서 전당 잡은 옷 위에 누우며, 저희 신의 전에서 벌금으로 얻은 포도주를 마심이니라.

- 누가복음 10:34 (상처의 소독용으로 이용)

가까이 가서 기름과 포도주를 그 상처에 붓고, 싸매고, 자기 짐승에 태워 주막으로 데리고 가서 돌보아주고

- 디모데전서 5:23 (치료제로 이용)

이제부터는 물만 마시지 말고 네 비위와 자주 나는 병을 인하여 포도주를 조금씩 쓰라.

3) 포도의 재배

- 신명기 11:14 (비의 중요성)

여호와께서 너희 땅에 이른 비, 늦은 비를 적당한 때에 내리시리니 너희가 곡식과 포도주와 기름을 얻을 것이요.

- 신명기 28:39 (곤충해 방지의 중요성)

네가 포도원을 심고 다스릴 지라도 벌레가 먹으므로 포도를 따지 못하고,

포도주를 마시지 못할 것이며

- 아가 7:12 (포도의 재배)

  우리가 일찌기 일어나서 포도원으로 가서 포도 움이 돋았는지, 꽃술이 퍼졌는지, 석류꽃이 피었는지 보자. 거기서 내가 나의 사랑을 네게 주리라.

- 열왕기하 18:32 (지역의 중요성)

  내가 장차 와서 너희를 한 지방으로 옮기리니, 그곳은 너희 본토와 같은 지방 곧 곡식과 포도주가 있는 지방이요, 떡과 포도원이 있는 지방이요.

- 시편 80:8~15 (포도밭을 돌담으로 둘러 쌓아 사람과 짐승의 침입을 막음)

  주께서 한 포도나무를 애굽에서 가져다가 열방을 쫓아 내시고 이를 심으셨나이다. 주께서 그 앞서 준비하셨으므로 그 뿌리가 깊이 박혀서 땅에 편만하며, 그 그늘이 산들을 가리우고, 그 가지는 하나님의 백향목 같으며, 그 가지가 바다까지 뻗고 넝쿨이 강까지 미쳤거늘 주께서 어찌하여 그 담을 헐으사 길에 지나는 모든 자로 따게 하셨나이까.

4) 포도의 재배와 양조

- 역대상 27:27 (포도주 양조 전문가의 존재)

  라마 사람 시므이는 포도원을 맡았고, 스밤 사람 삽디는 포도원의 소산 포도주 곳간을 맡았고

- 느헤미야 5:18 (포도 품종의 다양성)

  매일 나를 위하여 소 하나와 살찐 양 여섯을 준비하며, 닭도 많이 준비하고, 열흘에 한번씩은 각종 포도주를 갖추었나니

- 아가 7:2 (포도주의 블랜딩)

  배꼽은 섞은 포도주를 가득히 부은 둥근 잔 같고, 허리는 백합화로 두른 밀단 같구나.

• 호세아 14:7 (포두주의 향을 이용한 블라인딩 테스팅)

그 그늘 아래 거하는 자가 돌아올찌라. 저희는 곡식같이 소성할 것이며, 포

도나무 같이 꽃이 필 것이며, 그 향기는 레바논의 포도주 같이 되리라.

• 요엘 2:24 (독을 이용한 포도주의 저장)

마당에는 밀이 가득하고, 독에는 새 포도주와 기름이 넘치리로다.

• 마태복음 27:34 (포도주의 블랜딩 및 혼합 1)

쓸개 탄 포도주를 예수께 주어 마시게 하려 하였더니, 예수께서 맛보시고

마시고자 아니하시더라.

• 마가복음 15:23 (포도주의 블랜딩 및 혼합 2)

몰약을 탄 포도주를 주었으나, 예수께서 받지 아니하시니라.

• 누가복음 5:39 (포도주의 양조과정 중 숙성)

묵은 포도주를 마시고 새 것을 원하는 자가 없나니, 이는 묵은 것이 좋다 함

이니라.

• 요한복음 19:29~30 (포도주의 산화)

거기 신 포도주가 가득히 담긴 그릇이 있는지라. 사람들이 신 포도주를 머금

은 해융을 우슬 초에 매어 예수의 입에 대니 예수께서 신 포도주를 받으신

후 가라사대 다 이루었다 하시고, 머리를 숙이시고 영혼이 돌아가시니라.

• 이사야 25:6 (포도주의 숙성)

만군의 여호와께서 이 산에서 만민을 위하여 기름진 것과 오래 저장하였던

포도주로 연회를 베푸시리니 곧 골수가 가득한 기름진 것과 오래 저장하였

던 맑은 포도주로 하실 것이며

• 이사야 63:2 (포도의 압착)

어찌하여 네 의복이 붉으며, 네 옷이 포도즙 틀을 밟는 자 같으뇨.

• 예레미아 48:11 (포도주의 양조과정 중 여과)

모압은 예로부터 평안하고 포로도 되지 아니하였으므로 마치 술의 그 찌끼

위에 있고, 이 그릇에서 저 그릇으로 옮기지 않음 같아서 그 맛이 남아 있고, 냄새가 변치 아니하였도다.

- 마가복음 2:22 (포도주의 양조과정 중 발효 및 병입)

  새 포도주를 낡은 가죽 부대에 넣는 자가 없나니, 만일 그렇게 하면 새 포도주가 부대를 터뜨려 포도주와 부대를 버리게 되리라. 오직 새 포도주는 새 부대에 넣느니라 하시니라.

- 이사야 1:22 (포도주의 양조과정 중 프랑스의 A.O.C 도입 이유 1)

  네 은은 찌끼가 되었고, 너의 포도주에는 물이 섞였도다.

- 요한복음 2:2~11 (포도주의 양조과정 중 프랑스의 A.O.C 도입 이유 2)

  말하되 사람마다 먼저 좋은 포도주를 내고 취한 후에 낮은 것을 내거늘, 그대는 지금까지 좋은 포도주를 두었도다 하니라.

5) 포도주의 역할

- 시편 104:15 (사람의 마음을 기쁘게 만듦)

  사람의 마음을 기쁘게 하는 포도주와 사람의 얼굴을 윤택케 하는 기름과 사람의 마음을 힘있게 하는 양식을 주셨도다.

- 잠언 31:6 (마음의 근심을 덜어준다)

  독주는 죽게 된 자에게, 포도주는 마음에 근심하는 자에게 줄지어다.

- 전도서 9:7 (즐거운 마음을 준다)

  너는 가서 기쁨으로 네 식물을 먹고, 즐거운 마음으로 네 포도주를 마실지어다.

- 전도서 10:19 (생명을 기쁘게 하는 것)

  잔치는 희락을 위하여 베푸는 것이요, 포도주는 생명을 기쁘게 하는 것이나, 돈은 범사에 응용되느니라.

6) 기타

- 열왕기상 21:1~16 (포도밭의 거래 및 포도밭 강탈 사건)

  왕이 이르되 내가 이스르엘 사람 나봇에게 말하여 이르기를 네 포도원을 내게 주되 돈으로 바꾸거나 만일 네가 좋아하면 내가 그 대신에 포도원을 네게 주리라 한즉, 저가 대답하기를 내가 내 포도원을 네게 주지 않겠노라 함을 인함이로라.

- 마가복음 14:22~25 (포도주와 빵(=떡)의 찰떡궁합이 된 유래)

  저희가 먹을 때에 예수께서 떡을 가지사 축복하시고 떼어 제자들에게 주시며 가라사대, 받으라. 이것이 내 몸이니라 하시고, 또 잔을 가지사 사례하시고, 저희에게 주시니 다 이를 마시매 가라사대, 이것은 많은 사람을 위하여 흘리는 바 나의 피 곧 언약의 피니라.

- 누가복음 1:15 (포도주 및 증류주의 존재)

  이는 저가 주 앞에 큰 자가 되며, 포도주나 소주를 마시지 아니하며, 모태로부터 성령의 충만함을 입어.

소 燒(불사를 소)　주 酒(술 주)

火 : 불 화, 土 : 흙 토, 兀 : 우뚝할 올로 예전부터 흙을 높이 쌓은 후 불을 이용하여 증류주를 만들었다는 것을 보여준다.
유럽에는 소주 대신 브랜디가 있는데, 이 또한 네덜란드어로 'Brandewijin' 으로 '불에 구운 포도주' 라는 뜻에서 유래된다.

6. 성경 속의 인물들로 구성된 와인 병의 사이즈

① Quart : Quart '1/4' 을 의미. '1/4' 병

② Demi : Demi '1/2' 을 의미. '1/2' 병

③ Bouteille : Bouteille '병' 을 의미 (보통 750mℓ). '1병'

④ Magnum : '큰 술병' 을 의미(보통 1.5~2리터들이 큰 병). '2병'

⑤ Jeroboam : '백성이 많음' 이란 뜻으로 '이스라엘 왕국의 최초의 왕 여로보암
(BC 922~901)' 의 이름을 땀. '4병'

⑥ Rehoboam : '백성을 번성케 함' 이란 뜻으로 '성경에 나오는 솔로몬의 아들
르호보암' 의 이름을 땀. '6병'

⑦ Methuselah : '창 던지는 사람' 이란 뜻으로 '성경에 나오는 가장 오래 산 사
람인 므두셀라(969세까지)' 의 이름을 땀. (그는 '노아' 의 할아
버지이기도 함). '8병'

⑧ Salmanazar : 정복자이자 건축가인 앗시리아의 왕 살마네세르(BC 859~824)
의 이름을 땀. '12병'

⑨ Balthazar : 예수의 탄생시 선물을 갖고 예수의 탄생을 맞이한 동방박사 3인
중 한 명으로 바빌론의 왕 발타자르(BC 555~539)의 이름을 땀.
'16병'

⑩ Nebuchadnezzar : '오 나부, 내 경계석(=왕위 계승자의 핏줄)을 보호하라' 란
뜻으로 바벨탑을 재건한 바빌론의 왕 느부갓네살(BC
605~562)의 이름을 땀. '20병'

⑪ Solomon : '평화' 라는 뜻으로 '사랑 받는 자' 라는 뜻의 고대 이스라엘 왕국의
제2대 왕인 다윗(David)의 아들 솔로몬의 이름을 땀. 20ℓ '28병'

⑫ Primat ; 불어로 '대주교' 를 뜻함 27ℓ. '36병'

⑬ Maximus : '격언'이라는 뜻의 'Maxim'에 '사람'을 뜻하는 '~us'가 붙음
　　　　　　　고대 로마 장군(BC 275~203)으로 제2차 포에니 전쟁 때에 한니
　　　　　　　발이 이끄는 카르타고의 군대를 무찌름
　　　　　　　130ℓ 높이 140cm로 1,000여 잔 이상의 와인을 담을 수 있어 현
　　　　　　　재 기네스북에 올라있다.

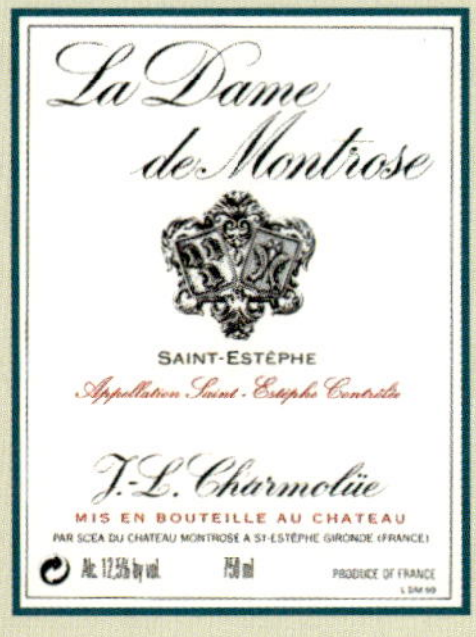

7. 소몰이꾼 소믈리애

　와인을 공부하고 관심을 갖는 사람들이면 누구나 손님 앞에서 멋지게 와인을 따라주고, 와인에 관해 해박한 지식을 갖고 있는 소믈리애를 꿈꿀 것이다.

　불어로 '(레스토랑의) 포도주 담당 웨이터', '(큰 집, 호텔, 기숙사 따위의) 식료품 담당자', '(카페, 요리점 따위의) 술 담당 보이' 라고 되어 있고, 1700년대 이전에는 왕궁에서 소믈리애(Sommelier)는 '식탁을 차리고 와인과 음식을 준비하는 사람', '연회 따위에서 술잔을 따라 올리는 사람' 의 뜻으로 사용. 현재는 '레스토랑에서 와인을 책임지는 사람' 의 뜻으로 발전해 왔다.

　하지만 그 어원은 고대 불어인 'Bete de Somme' 에서 유래된 것으로 이 말을 영어로 풀이하면 'Beast of Burden' 즉, '짐을 나르는 동물' 이란 뜻이다. 주인을 독살하려는 외부 인사들을 대신하여 먼저 술을 마셔 독의 유무를 확인하여야 하며, 짐승처럼 무거운 짐을 날라야 했던 과거에서 Sommelier라는 단어가 생기면서 '목부', '목동' 이란 뜻이 된다. 그만큼 슬픈 과거를 안고 사는 직업 중 하나이다.

France

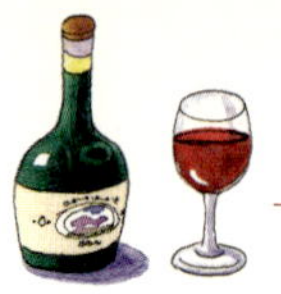

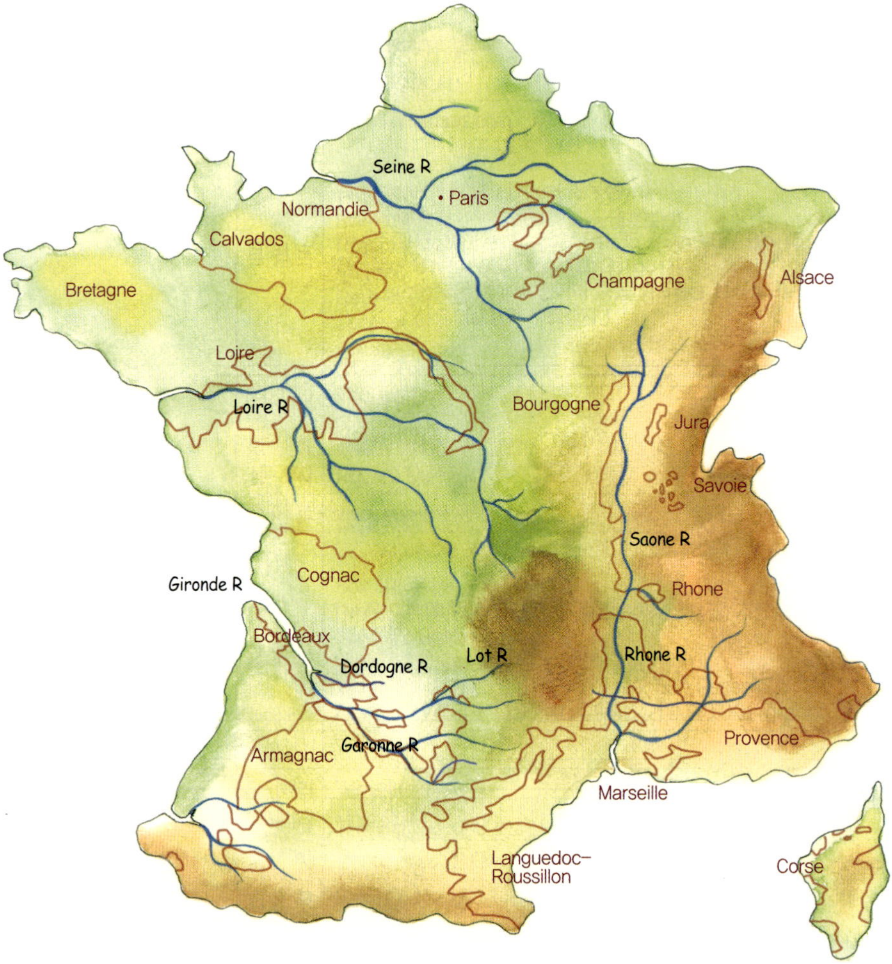
Seine R
Paris
Normandie
Calvados
Bretagne
Champagne
Alsace
Loire
Loire R
Bourgogne
Jura
Savoie
Saone R
Gironde R
Cognac
Rhone
Bordeaux
Lot R
Dordogne R
Rhone R
Garonne R
Armagnac
Provence
Marseille
Languedoc-
Roussillon
Corse

8. 프랑스 와인

911년 바이킹족인 '노르만'족이 프랑스 땅을 침략하여 계속 프랑스를 괴롭혀 오자 보다 못한 프랑스 왕은 바이킹족에게 그들이 정착할 수 있는 땅을 주고, 그 땅을 노르만족의 땅이란 뜻으로 '노르망디'라 명명하고 땅을 주는 대신 프랑스의 왕을 섬기고, 왕에게 세금을 내도록 하였다. 그리하여 프랑스에는 공작령으로 아끼뗀(Aquitaine '물의 땅'이란 뜻), 노르망디, 부르고뉴 등이, 백작령으로 상빠뉴, 브르타뉴, 앙주 등이 왕의 간섭 없이 공작령과 백작령으로부터 세금과 전쟁시 필요한 군사를 지원 받는 관계로 유지되었다. 그 후 노르망디 공 윌리엄이 1066년 영국을 점령하고, 정복 왕 윌리엄 1세로 프랑스의 노르망디 공국과 영국의 왕이 되었다. 1087년 윌리엄 1세는 세 아들(장남 로버트, 차남 로푸스, 삼남 헨리)과 딸(아델라) 중 둘째 아들 로푸스에게 영국의 왕관을, 큰 아들 로버트에게 노르망디를 막내 헨리에게 은돈 5,000마르크를 남기고 세상을 떠났다. 자식들간의 왕위 쟁탈전으로 로푸스가 죽고, 막내 헨리가 로버트와의 전쟁에서 승리하여 헨리 1세로 즉위하게 된다. 하지만 왕위를 물려 받은 황태자 윌리엄이 익사사고로 죽자, 도이치 황제에게 시집갔다 과부가 된 헨리 1세의 딸 마틸다에게 왕위가 돌아가게 되는데, 이 마틸다가 노르망디 옆의 앙주 백작과 결혼하여 헨리 플랜테저넷이 탄생하게 된다.

프랑스의 루이 7세는 그 아버지 루이 6세의 왕권에 힘입어 지금의 보르도 지방인 아끼뗀의 귀이에이오무 공작의 딸인 알리에노르와 결혼하게 되었다.

그 당시 알리에노르는 피레네 산맥에 이르는 남서부 지방을 가지고 있었으나, 아끼뗀 공작령은 왕실 직영에 포함시키지 않는 조건으로 결혼하게 된다.

하지만 하느님만 찾고 아내를 돌보지 않는 루이 7세에게 싫증을 느끼던 알리에노르는 숙부(레몬 드 포와체)와 노예와의 거침없는 스캔들을 일으키며, 딸만 둘 낳은 상태에서 제2차 십자군 원정 때 왕과 동행하다 그곳에서 헨리 플랜테저넷과 첫눈에 반해 사랑에 빠지게 된다(그 당시 알리에노르 29세, 헨리 19세).

그래서 1152년 루이 7세는 결혼을 무효화시켰고, 알리에노르는 기다렸다는 듯이 두 달 후에 헨리 플랜테저넷과 결혼하였고, 덕분에 헨리는 잉글랜드는 물론 결혼선물로 노르망디, 브르타뉴, 앙주, 알리에노르의 소유령까지 프랑스 왕국의 절반을 차지하게 되고, 1154년 영국 왕 헨리 2세가 된다. 이때부터 보르도 와인은 영국을 통하여 유럽 전역으로 퍼지게 되면서 와인의 명산지로서 그 명성을 굳히게 된다.

그러나 1328년 프랑스 카페왕조의 샤를 4세가 남자 후계자 없이 사망하자 그의 4촌 형제인 발루아가의 필리프 6세가 왕위에 올랐다. 이에 대하여 영국의 에드워드 3세는 그의 모친이 카페왕가 출신(샤를 4세의 누이)이라는 이유로 프랑스 왕위를 계승해야 한다고 주장하여 양국간에 심각한 대립을 빚게 되었다. 영국의 에드워드 3세는 프랑스 경제를 혼란에 빠뜨리기 위하여 플랑드르(한때 네덜란드의 남부에서 프랑스의 북동부 일대를 통틀어 지칭하였으며, 그 당시 유럽에서 가장 공업이 발달했던 곳으로 특히 양털을 이용하여 옷감을 만드는 기술이 뛰어나 전 유럽의 왕이나 귀족들의 옷감을 만들었다. 옷감 짜는 기술이 없던 영국은 양을 키워 그 털을 이곳에 수출하고 있었다)에 수출해오던 양모 공급을 중단하고, 그 보복으로 프랑스의 필리프 6세는 프랑스 내의 영국 영토인 기옌, 지금의 가스코뉴 지방의 몰수를 선언하였으며, 1337년 에드워드 3세는 필리프 6세에게 공식적인 도전장을

띄우게 되었다. 프랑스를 전장으로 하여 여러 차례 휴전과 전쟁을 되풀이 하면서, 1337년부터 1453년까지 116년 동안 단속적으로 계속되었다. 영국 덕분에 와인 거래가 활발해지면서 보르도 사람들은 프랑스보다는 영국에 가까워졌고, 급기야 백년전쟁 때 프랑스 편을 들게 되어 프랑스의 전쟁영웅 잔다르크를 영국에 넘기는 일까지 서슴없이 감행한다. 백년전쟁 후 영국의 입김이 없어지면서 한때 주춤하였던 와인 사업은 1461년 루이 11세가 즉위 하면서 발전하게 되다가, 루이 14세, 15세 때 전성기를 맞이한다. 그러나 부 르고뉴 와인을 선호했던 나폴레옹 때문에 주춤했으나, 나폴레옹 1세의 동생 루이 보나파르트의 셋째 아들(어머니는 나폴레옹 1세의 의붓딸 오르탕스 드 보아르네 보나파르트)로 쿠데타로 의회를 해산하여 1852년 헌법을 제정하 고, 황제로 즉위한 프랑스 제 2공화국 대통령이었던 나폴레옹 3세가 1855 년 파리 박람회에서 세계 여러 나라에 보르도 와인의 위대함을 알리기 위해 부로커에게 지시, 거래가격을 기준으로 선별하는 과정을 통하여 메독의 레 드 와인과 쏘떼른느의 화이트 와인을 기준으로 등급을 결정하였다.

나폴레옹 3세가 1855년 파리 박람회를 개최한 동기는 워털루 전쟁 이래 로 지속된 40년간의 평화를 축하하고, 물질문명과 문화 발전을 자극하는 것이었다. 하지만 그 궁극적인 취지는 4년 전 프랑스와는 과거 속국의 하 나였던 영국의 런던에서 열린 만국박람회의 성공을 능가하는 것이었다. 프랑스인들은 런던의 커다란 성공(19세기 후반의 첫해를 장식하는 뜻에서 1851년 개최된 최초의 세계 만국박람회)에 굴욕감을 느꼈고, 국가의 자부 심 면에서 우세한 위치를 되찾을 필요성을 절감했기 때문이다.

1870년대 후반 미국 동부에서 자생하는 필록세라(뿌리 기생 진딧물의 일종)로 포도밭이 큰 타격을 받게 되자 그 원인과 해결을 목적으로 유럽의 연구소로 가져간 포도 묘목의 필록세라가 순식간에 퍼져 20년간 프랑스는 물론 유럽 전역의 포도밭을 황폐하게 만들었다. 나중에야 저항력이 있는 미국 종 포도 대목에 유럽 종 포도를 접붙이기 함으로써 해결할 수 있었지만, 프랑스의 모든 포도밭이 황폐되어 원산지를 속이는 가짜 와인이 나돌자, 1905년 위조방지 위원회를 설립, 원산지 제도를 확립하고, 1935년 A.O.C제도를 시행하여 프랑스 와인의 명성과 가격을 회복시키고자 노력하고 있다. 여기서 A.O.C는 Appellation(① 일컬음, 이름 붙이기, 명명 ② 이름, 칭호, 상표, 명칭), Origine(① 근원, 기원 ② 태생, 혈통, 출처, 원산지), Controle(① 관리, 감독 ② 통제, 조정)의 약어로 말 그대로 '원산지 명칭의 통제' 라고 해석할 수 있는데 와인의 원료인 포도의 재배장소의 위치와 명칭을 지방별로 관리하는 제도이다.

클로비스 1세의 크리스트교 개종의 영향

갈리아('켈트인의 땅' 이라는 라틴어) 지방은 원래 켈트족이 살다가 로마의 지배를 받아 로마 총독 시아그리우스의 통치를 받게 되면서 켈트 · 로마 문명이 발생하게 된다. 그러다 살리족 프랑크의 수장 클로비스 1세가 486년 갈리아를 점령하고 프랑크('자유' 혹은 '용감' 의 뜻) 왕국을 세워 메로빙거(클로비스의 할아버지인 메로베크의 이름에서 유래) 왕조를 세운다. 클로비스가 데리고 온 소수의 프랑크족은 다수의 켈트 · 로마족을 다스려야 했는데, 당시의 켈트 · 로마족은 독실한 '크리스트교' 신자들이었기에 클로비스는 프랑크족의 종교가 있음에도 불구하고 켈트 · 로마족들의 지지를 받기 위해 정치적인 목적으로 크리스트교로 개종하게 된다(진실한 크리스트교 신자인 왕비 클로틸다의 영향도 크게 좌우됨).

따라서 프랑스는 로마의 문화와 클로비스 1세의 크리스트교 개종 등의 영향으로 크리스트교와 관련된 지명을 많이 갖게 된다.

✱ 프랑스 지명들의 유래

• 프랑스 : '프랑카'(Franka : 던지는 창)를 주요 무기로 삼고 있었던 게르만족
   프랑크족에서 유래

[수도] 파리(Paris) : 기원전 센강에 있는 시테섬에 근거를 두고 있던 켈트계 파
   리시족의 이름에서 유래. 시테 섬의 시테(Cite)는 '시', 파
   리시에는 '난폭자, 시골뜨기'라는 의미가 있다.

✱ 보르도의 A.O.C

• Bordeaux : 'Au Bord de leau'('물가')의 뜻에서 유래

• Medoc : 라틴어 'Medio Aquae'('물과 물 사이') 즉, 지롱드강과 대서양에
   서 유래

① Medoc : 물과 물 사이

② Haut Medoc : Haut(=상류 '위, 높이'를 의미) Medoc
   ⇔ Bas(=하류 '아래'를 의미) Medoc

③ Saint – Estephe : 최초의 기독교 순교자 성 스테파노스(그리스어명 스테
   파노스(Stephanus)에서 유래

④ Saint – Julien : 프랑스 르망 지역 최초의 사교라고 하는 성 율리아누스(성
   쥘리앵)에서 유래

기독교와 관련된 지명

• St – Louis : 튀니지의 카르타고에 묻힌 '생 루이'
• St – Severin : 6세기의 어느 수도사 이름에서 따옴
• St – Eguisheim : 1002년에 태어나 레옹 9세 교황이 되었으며, 후에 성인으로 시성
• St – Guilhem – Le – Desert : 군인으로서의 생을 마감하면서 샤를마뉴 대제로부
   터 예수의 십자가 조각을 받았던 9세기 아키텐의
   기욤이 은신한 곳 Desert('인적 없는 곳')

⑤ Pauillac : 정확한 유래는 알려지지 않았지만 Paul(기독교 관련 인명 '성 바울', 라틴어로 바울스 '몸집이 작은 사람을 의미') + lac('호수')가 유력하다.

⑥ Margaux : 'Marge (길 따위의) 가장자리, (숲의) 기슭'에서 유래

⑦ Listrac - Medoc : 'Listrac' '가장자리'에서 유래

⑧ Moulis : '방아'를 의미하는 'Moulin'에서 유래

• Grave - 영어의 'Gravel' 즉, '자갈'을 의미

① Grave : '자갈'

② Grave Superieures : ⓐ '다른 것보다 위의, 상위의 ⓑ 보다 우월한, 고급

(의)' 뜻인 Superieures

③ Pessac - Leognan : '상나무말속(식물)' 을 뜻하는 Pesse에서 유래

'사자' 를 뜻하는 'Leo' 와 '연약한' 을 뜻하는 'gnan'

• Sauternes : Sauter(jump) 쏘떼('뛰는 것, 도약')가 유력하다.

① Sauternes

② Barsac : '낮은, 아래' 를 뜻하는 'Bas' 에서 유래

• Ceron : 'Cerne' '둘러쌓인' 에서 유래

① Ceron

• Sainte - Croix - du - Mont : Sainte('성스러움'), Croix('십자가'), Mont('산')

① Sainte - Croix - du - Mont

• Loupiac : '늑대' 를 의미하는 'Loup' 에서 유래

① Loupiac

• Cadillac : 1701년 디트로이트를 발견한 프랑스인 모스 캐딜락(Mothe Cadil-

lac 1656~1730) 장군의 이름에서 유래

① Cadillac

• Cotes de Bordeaux - St - Macaire :

Cotes ('비탈, 언덕') St - Macaire (6세기에 이 마을에 설교 및 복음을 전파

한 지역 주교의 이름으로부터 유래)

① Cotes de Bordeaux - St - Macaire

• Premieres Cotes de Bordeaux : Premieres ❶'첫째의, 최초의 ❷ 으뜸가

는, 최상의'

① Premieres Cotes de Bordeaux

• Entre - Deux - Mers : Entre('사이에'), Deux('둘'), Mers('바다') '두 개

의 바다 사이)

① Entre - Deux - Mers

② Entre - Deux - Mers Haut - Benauge

③ Bordeaux Haut - Benauge

• Graves de Vayres : Vayres 1554년, 디오니시우스 베이레(Dionysius Vayre) 프랑스로 수많은 기독교 서적을 반입하다 노르망디에서 체포되어 산 채로 화형선고 받음

① Graves de Vayres

• Sainte - Foy - Bordeaux : Sainte-Foy(성직자 명)

① Sainte - Foy - Bordeaux

• Pomerol : 정확한 어원은 나와 있지 않지만, ❶ Pome (사과, 배, 마르멜로 등) 이과, 사과 ❷ Pomelo 포멜로(왕귤나무류) ❸ Merle 티티새에서 유래된 것으로 추정

① Pomerol

② Lalande de Pomerol : La Lande '광야, 황야'

③ Neac

• Saint - Emilion : 브르타뉴 지방의 수도사 출신으로 지금의 쌩떼밀리용에 정착한 '성 에밀리옹' 의 이름에서 유래

① Saint - Emilion Grand Cru : Grand '위대한' Cru '포도밭'

② Saint - Emilion

③ Lussac - Saint - Emilion :

Lussac - 갈로아 로마 시대에 처음으로 주위 언덕에 포도나무를 심은 루씨우스(Luccius)나 루까니악꾸스(Lucaniacus)에서 유래

④ Montagne - Saint - Emilion : Montagne 'ⓐ 산, 산악 ⓑ 더미'

⑤ Saint - George - Saint - Emilion : George - 로마의 군인이며 순교자였던 성 게오르기우스

⑥ Puisseguin - Saint - Emilion :

Puisseguin – 산을 의미하는 'Puy' (뿌이)와 샤를마뉴 시대의 육군 장교 이름 'Seguin(스갱)' 에서 유래

• Fronsac : '(곤충의) 이마' 를 의미하는 'Frons' 에서 유래

① Cotes – Canon Fronsac : Cotes '비탈, 언덕', Canon '대포'

② Fronsac

• Bordeaux Cotes de Castillion : Castillion '❶ 싸움, 전투 ❷ The Castillion Family

① Cotes de Castillion

• Bordeaux Cotes de Francs : Francs '게르만족 프랑크족'

① Bordeaux Cotes de Francs

② Bordeaux Superieur Cotes de Francs

③ Bordeaux Cotes de Francs Liquoreux : Liquoreux '달콤한'

• Bourg, Bourgeais : '큰 마을, 큰 부락, 읍'

① Bourg, Bourgeais

② Cotes de Bourg

• Blaye : 인명에서 유래된 지명

① Blaye

② Cotes de Blaye

③ Premieres Cotes de Blaye

• Bourgogne : 5세기 중엽에 이 지방을 중심으로 론강과 손강의 유역에 정착한 게르만족의 부르군트인에 유래

• Chablis : '(폭풍, 폭설, 부패 따위로) 쓰러진 나무' 란 뜻

• Cote d' Or : '황금의 언덕' 이란 뜻

① Cote de Nuits : Nuits '밤, 밤의 여신' 에서 유래

② Cote de Beaune : Beau '아름다움' 에서 유래

• Cote Chalonnaise : Blanket '덮개, 담요'를 뜻하는 오래된 고어 'Chaloun'
　　　　　　　와 '이웃을 아우르는데 쓰이는 어미'인 '~naise'

• Maconnais : '석공, 벽돌공'을 뜻하는 'Macon'과 '이웃을 아우르는 데 쓰
　　　　　이는 어미'인 '~naise'

• Beaujolais : ❶ Beau(= '아름다운') + joli(= '예쁜, 아담한') ❷ 예전에는 보뇨
　　　　　니(Bognonis)라 불리었는데 보뇨니는 켈트어로 아름답고 흰 수
　　　　　소(ox)를 뜻하며 보졸레의 어원이 여기서 비롯된다는 설도 있다.

• Champagne : '백악질 또는 석회질 평원'의 뜻

• Alsace : ❶ Alsace의 어원은 알스(als)이며, 처음에는 '소금의 땅'을 의미,
　　　　알자스 암염은 고농축 염화나트륨은 없지만 잿물 즉, 가성칼륨으로
　　　　알려진 상당히 진한 염화칼륨을 함유 ❷ '맞은편에 사는 사람'이라
　　　　는 뜻

• Loire : '흐름'이란 뜻으로 기원 전후의 고대 명칭 리게르강(Liger에서 유래,
　　　　리게르는 켈트어로 리그(lig : '흐름, 물'))

• Rhone : '흐름이 빠른 물의 강.' 라틴어의 고칭 로다누스강(Rhodanus)에서
　　　　유래. 로다누스는 켈트어의 rho(빠르다)와 da(물, 강)와 nus(물, 강)
　　　　로 이루어짐

기타 프랑스의 강 이름의 유래

• 지롱드(Gironde) : 'Giro' 원 또는 회전을 뜻하는 그리스어 'Guros'에서 유래
• 가론(Garonne) : '급류', 켈트어의 garw(거칠다)와 onne(강)으로 이루어짐
• 마른느(La Marne) : '이회암, 이회토'를 뜻하는 Marne에서 유래
• 도르도뉴(Dordogne) : 도르(Dore)와 도뉴(Dogne)라는 작은 도랑으로 이루어졌으
　　　　　　　　며, Dore '황금빛의'라는 뜻과 onne '강'으로 이루어짐
• 센(Seine) : 켈트어의 Sog(완만하게)와 han(강)이 합해진 것으로 '완만하게 흐르
　　　　는 강'을 라틴어로 세쿠아나(Sequana)라 부르던 것이 잘못 전해짐

• Jura : 중생대를 다시 셋으로 나누었을 때 가운데에 해당하는 지질시대

• Savoie : The Savoie Family

• Languedoc - Roussillon : Langue '혀, 혀 모양의 것'
　　　　　　　　　　　　　　　Roussi '적갈색, 다갈색으로 된'

• Provence : 'Protect'의 의미 '보호처'

• Corse : '삼림이 많다'의 의미

• Bretagne : 5세기에 켈트인이 색슨인의 압박을 피하여 브리타니아로부터 이
　　　　　　　주한 후 정착한 이들. 켈트인을 브리튼인(Britons), 그 지방을 브
　　　　　　　리타니아라고 부른 데서 유래

• Normandie : '바이킹 노르만인의 나라'라는 뜻

• Calvados : 1588년 스페인 무적함대 엘 칼바도로(El Calvador)가 영국 해군
　　　　　　과 교전하다가 노르망디 앞바다에서 좌초되면서 생긴 이름

• Cognac : 발랑스 교구의 코스냑(Cosgnac) 주교의 이름에서 유래
　　　　　또는 가스코뉴(Gascogne)에서 유래

• Armagnac :

❶ 에르만(Herreman)에서 유래. 에르만은 5세기 프랑스 왕 클로비스(Clovis)
　로부터 가스코뉴(Gascogne)를 하사받은 기사로, 그의 이름이 라틴말로 바
　뀌고, 그 후 지방 토속어로 바뀌어 오늘날 아르마냑이 되었다.

　※ 가스코뉴(Gascogne) : 피레네 산맥을 넘어 이주하여 온 바스콘인의 이름을 따서
　　　　　　　　　　　　바스코니아 또는 가스코뉴로 불렸다.

❷ 영국을 정복하겠다는 의지로 카디스항을 떠난 스페인의 무적함대 아르마다
　호로 엘리자베스 1세 여왕의 해군에 의해 150척 가운데 100척을 잃고, 3
　만 명의 군사 중 1만 명을 잃고, 50척만 에스파냐로 돌아왔다는 최악의 무
　적함대의 이름에서 유래

1833년 보르도 1등급 와인들 가운데 샤또(Chateau)라는 이름이 붙은 와인은 Chateau Margaux가 유일하게 존재하였고, 1855년 당시 Chateau Lafite, Chateau Latour, Chateau d' Issan, Chateau de Beychevele가 추가되어 오직 5곳의 포도밭만이 샤또라는 이름을 붙여 그 위용을 과시했다.

그러다 20세기에 들어서자 등급분류에 들어간 모든 와인들이 앞 다투어 샤또라는 이름을 붙이는 기현상이 발생하게 되었다.

그러면 152년 동안의 변화의 과정을 살펴보자.

(1) 와인 명 앞에 샤또(Chateau)라는 이름이 붙게 되었다(기존 5곳 제외).

(2) 1855년 당시 58곳의 포도밭이 총 61곳으로 늘어나게 되었다.

① 분할된 포도밭(4곳)

◆ Leoville ⇒ Chateau Leoville - Las - Cases

　　　　　　 Chateau Leoville - Poyferre

　　　　　　 Chateau Leoville - Barton

◆ Pichon Longueville ⇒ Chateau Pichon Longueville - Comtesse De Lalande

　　　　　　 Chateau Pichon Longueville - Baron

◆ Boyd ⇒ Chateau Boyd - Cantenac

　　　　　　 Chateau Cantenac - Brown

◆ Batailley ⇒ Chateau Batailley

　　　　　　 Chateau Haut - Batailley

② 하나의 포도밭으로 합쳐진 포도밭(1곳)

　　◆ Pouget – Lassale
　　◆ Pouget
　　　　　　　⇒ Chateau Pouget

③ 소멸되어 다른 포도밭으로 분할된 포도밭(1곳)

　　◆ Dubignon ⇒ Chateau Margaux

　　　　　　　　　Chateau Palmer

　　　　　　　　　Chateau Malescot – St – Exupery

(3) 이름이 바뀐 포도밭

① Chateau Lafite　　　⇒ Chateau Lafite – Rothschild(1등급)

② Mouton　　　　　⇒ Chateau Mouton – Rothschild(1등급)

③ Vinens Durfort　　⇒ Chateau Durfort – Vivens(2등급)

④ Gruau – Laroze　　⇒ Chateau Gruaud – Larose(2등급)

⑤ Lascombe　　　　⇒ Chateau Lascombes(2등급)

⑥ Brane　　　　　⇒ Chateau Brane – Cantenac(2등급)

⑦ Ducru Beau Caillou ⇒ Chateau Ducru – Beaucaillou(2등급)

⑧ Cos Destournel　　⇒ Chateau Cos d' Estournel(2등급)

⑨ Langoa　　　　　⇒ Chateau Langoa – Barton(3등급)

⑩ St – Exupery　　⇒ Chateau Malescot – St – Exupery(3등급)

⑪ Lalagune　　　　⇒ Chateau La Lagune(3등급)

⑫ Calon　　　　　⇒ Chateau Calon – Segur(3등급)

⑬ Becker　　　　　⇒ Chateau Marguis d' Alesme – Becker(3등급)

⑭ St – Pierre　　　⇒ Chateau St – Pierre – Sevaistre(4등급)

⑮ Du – Luc　　　　⇒ Chateau Branaire – Ducru(4등급)

⑯ Duhart　　　　　⇒ Chateau Duhart – Milon Rothschild(4등급)

⑰ Carnet   ⇒ Chateau La Tour – Carnet(4등급)

⑱ Rochet   ⇒ Chateau Lafon – Rochet(4등급)

⑲ Chateau de Beychevele ⇒ Chateau Beychevelle(4등급)

⑳ Marquis de Thermes ⇒ Chateau Marquis – de – Terme(4등급)

㉑ Le Prieure   ⇒ Chateau Prieure – Lichine(4등급)

㉒ Canet   ⇒ Chateau Pontet – Canet(5등급)

㉓ Grand Puy   ⇒ Chateau Grand – Puy – Lacoste(5등급)

㉔ Artigues Arnaud ⇒ Chateau Grand – Puy – Ducasse(5등급)

㉕ Lynch   ⇒ Chateau Lynch – Bages(5등급)

㉖ Darmailhac   ⇒ Chateau d' Armailhac(5등급)

㉗ Le Tertre   ⇒ Chateau du Tertre(5등급)

㉘ Haut Bages   ⇒ Chateau Haut – Bages – Liberal(5등급)

㉙ Coutenceau   ⇒ Chateau Belgrave(5등급)

(4) 등급의 승격

• Mouton(2등급) ⇒ Chateau Mouton – Rothschild(1등급 1973년)

(5) 메독 지역 이외의 그라브 지역에서 등급에 오른 포도밭

• Chateau Haut-Brion(1등급)

　나폴레옹 전쟁의 패전에 따른 배상문제로 오스트리아의 수도 빈에서 유럽 각국의 정객들이 유명한 빈 회의를 개최한다. 외무장관 따레이란 뻬리고는 샤또 오 브리옹과 나폴레옹의 천재 요리사인 명 쉐프 마리 앙투안 까렘을 데리고 일주일 간의 파티를 연다. 그리하여 프랑스는 패전국임에도 불구하고 최소한의 배상만을 하는 유리한 상황을 만들어 낸다. 후일 빈 회의의 일화는 '회의는 춤춘다' 라는 낙천적인 뮤지컬 영화로 만들어지기까지 한다. 결과적으로 오 브리옹

이 프랑스를 구한 영웅이 된 것이다. 하지만 오스트리아 접대역의 한 사람이었던 리뉴공은 회의의 모습을 보고 "회의는 춤을 춘다. 그렇지만 회의는 진전되지 않는다"라는 유명한 대사를 남겼다.

CS : Cabernet Sauvignon

CF : Cabernet Franc

Mal : Malbec

Mer : Merlot

PV : Petit Verdot

Sem : Semillon

Sauv : Sauvignon Blanc

Musc : Muscadelle

Grand Cru

프랑스 와인은 캘트어('언덕에 사는 사람'이라는 뜻으로 그리스어의 켈타이(Keltai)에서 유래), 게르만어('소란스러운 사람'이라는 뜻으로 캘트어 Ger('울며 소리치다'의 뜻)에서 유래), 기독교 용어 및 창립자(설립자, 소유주)의 이름 등을 알면 이해하는데 도움이 된다.

• Premiers Crus('포도밭') – 5개

1)	와 인 명	Chateau Latour
	의 미	La('강조') tour('탑')
	산 지	Pauillac 〉 Bordeaux
	사 이 트	www.chateau-latour.com
	세컨와인	Les Forts('요새, 성채') de Latour
	블 랜 딩	CS 75% CF 4% Mer 20% PV 1%
2)	와 인 명	Chateau Margaux
	의 미	(지명으로 '가장자리, (숲의) 기슭'을 뜻하는 'Marge'에서 유래)
	산 지	Margaux 〉 Bordeaux
	사 이 트	Pavillon('정자, 별장') Rouge('붉은') du Chateau Margaux
	세컨와인	www.chateau-margaux.com
	블 랜 딩	CS 75% Mer 20% PV 5% & CF
3)	와 인 명	Chateau Lafite – Rothschild
	의 미	Lafite('높이'를 의미하는 라 비뜨(La Bite)에서 유래) – Rothschild(인명, James de Rothschild)
	산 지	Pauillac 〉 Bordeaux
	사 이 트	www.lafite.com
	세컨와인	Carruades de Lafite – Rothschild (Carre : '네모진, 정사각형의' Carree : '방, 집')
	블 랜 딩	CS 70% Mer 25% CF 3% PV 2%

4)	와 인 명	Chateau Haut – Brion
	의 미	Haut('높은') – Brion('자갈')
	산 지	Pessac – Leognan 〉 Graves
	사 이 트	www.haut–brion.com/cht/
	세컨와인	Chateau Bahans(인명, The Bahans Family) Haut – Brion
	블 랜 딩	CS 45% Mer 37% CF 18%
5)	와 인 명	Chateau Mouton – Rothschild
	의 미	Mouton('양') – Rothschild(인명, Nathaniel Rothschild)
	산 지	Pauillac 〉 Bordeaux
	사 이 트	www.bpdr.com
	세컨와인	Le Second('둘째의') Vin('포도주') (93년 한해만) Le Petit('어린') Mouton('양')
	블 랜 딩	CS 80% CF 10% Mer 8% PV 2%

18XX	18XX	18XX	1855
	1863	18XX	1916
	1924	1925	1943
1945	1946	1947	1948

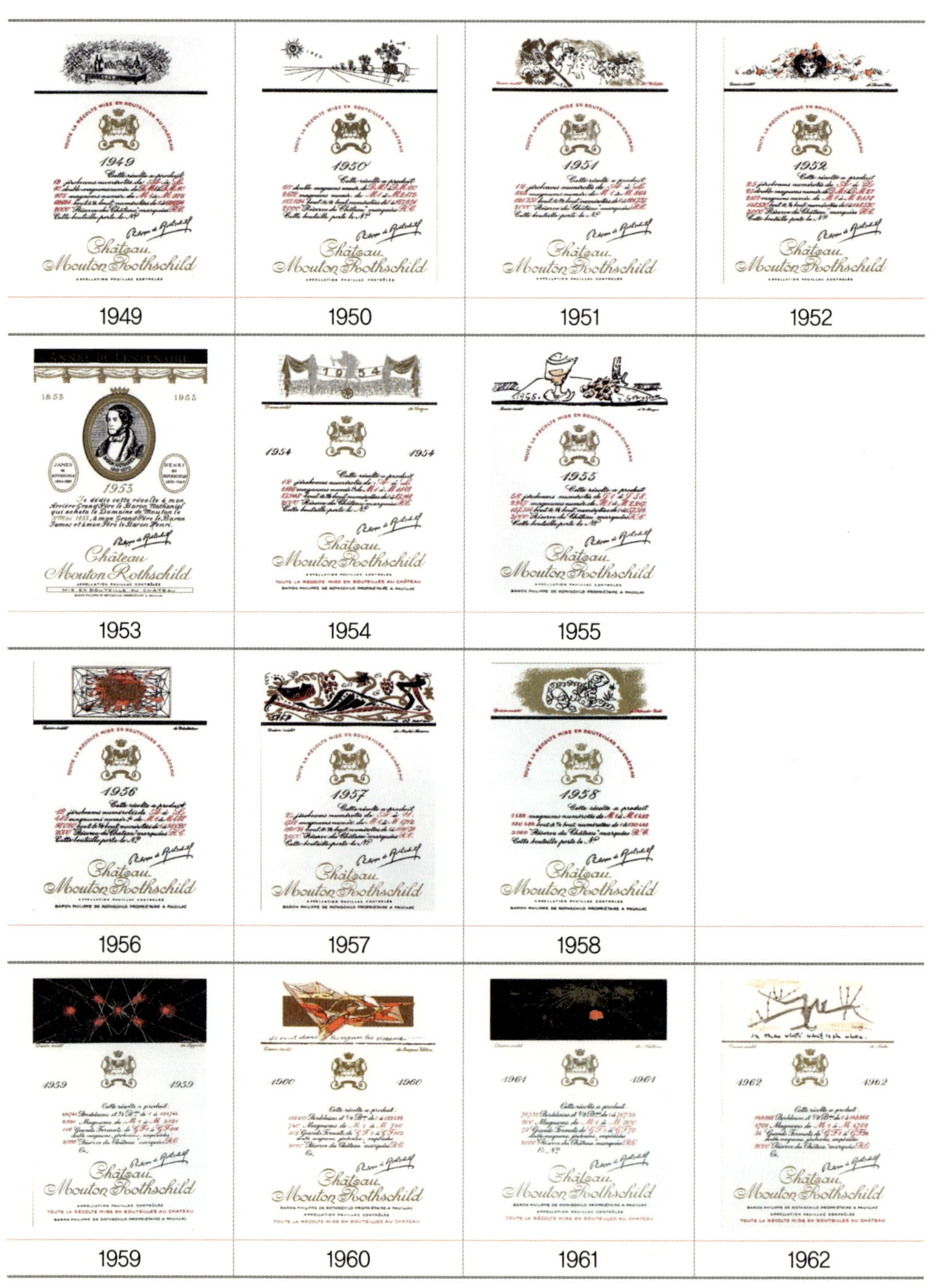

1963	1964	1965	1966
1967	1968	1969	
1970	1971	1972	
1973	1974	1975	1976

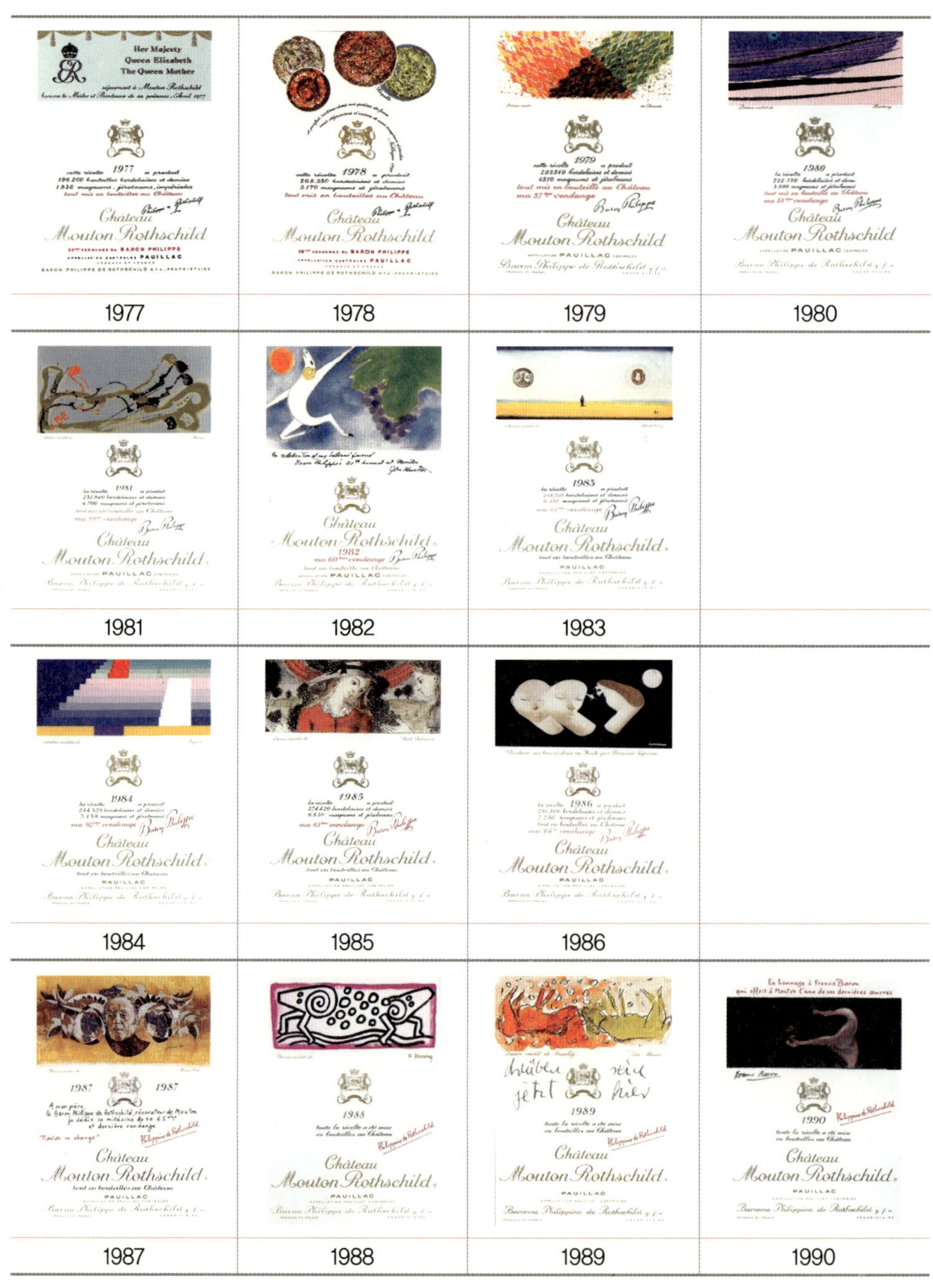

1977	1978	1979	1980
1981	1982	1983	
1984	1985	1986	
1987	1988	1989	1990

1991	1992	1993	1994
1995	1996	1997	
1998	1999	2000	
2001	2002	2003	2004

<table>
<tr><td rowspan="6">1)</td><td>와 인 명</td><td>Chateau Rauzan – Segla</td></tr>
<tr><td>의 미</td><td>Rauzan(인명, Pierre des Mesures de Rauzan)
– Segla(인명, Baroness de Segla)</td></tr>
<tr><td>산 지</td><td>Margaux 〉 Bordeaux</td></tr>
<tr><td>사 이 트</td><td>사이트 없음</td></tr>
<tr><td>세컨와인</td><td>Segla(인명, Baroness de Segla)</td></tr>
<tr><td>블 랜 딩</td><td>CS 61%
Mer 35%
CF   2%
PV   2%</td></tr>
<tr><td rowspan="6">2)</td><td>와 인 명</td><td>Chateau Rauzan – Gassies</td></tr>
<tr><td>의 미</td><td>Rauzan(인명, Pierre des Mesures de Rauzan)
– Gassies(인명, Gaillard de Tarbes의 The Gassies Family)</td></tr>
<tr><td>산 지</td><td>Margaux 〉 Bordeaux</td></tr>
<tr><td>사 이 트</td><td>사이트 없음</td></tr>
<tr><td>세컨와인</td><td>– 없음 –</td></tr>
<tr><td>블 랜 딩</td><td>CS 65%
Mer 25%
CF 10%</td></tr>
<tr><td rowspan="6">3)</td><td>와 인 명</td><td>Chateau Leoville – Las Cases</td></tr>
<tr><td>의 미</td><td>Leoville(Loe('사자') + ville(지명의 일부로서 town, city의 뜻))
– Las Cases(인명, Marquis de Las Cazes)</td></tr>
<tr><td>산 지</td><td>Saint – Julien</td></tr>
<tr><td>사 이 트</td><td>www.leoville-las-cases.com</td></tr>
<tr><td>세컨와인</td><td>Clos('(울타리를 둘러친) 포도밭') – du – Marquis('후작')</td></tr>
<tr><td>블 랜 딩</td><td>CS 65%
Mer 20%
CF 12%
PV   3%</td></tr>
</table>

4)	와 인 명	Chateau Leoville – Poyferre
	의 미	Leoville(Leo(‘사자’) + ville(지명의 일부로서 town, city의 뜻) – Poyferre(인명, Baronne de Poyferre)
	산 지	Saint – Julien
	사 이 트	www.leoville-poyferre.com
	세컨와인	Chateau Moulin(‘제분기, 방아’) – Riche(‘부유한, 풍부한, 훌륭한’)
	블 랜 딩	CS 65% Mer 25% PV 8% CF 2%
5)	와 인 명	Chateau Leoville – Barton
	의 미	Leoville(Leo(‘사자’) + ville(지명의 일부로서 town, city의 뜻) – Barton(인명, Thomas Barton)
	산 지	Saint – Julien
	사 이 트	www.leoville-barton.com
	세컨와인	La Reserve(‘저장물, 저장고, 창고’) Leoville – Barton
	블 랜 딩	CS 72% Mer 20% CF 8%
6)	와 인 명	Chateau Durfort – Vivens
	의 미	Durfort(인명, Comtes Durfort de Duras) – Vivens(인명, Monsieur de Vivens)
	산 지	Margaux
	사 이 트	www.durfort-vivens.com
	세컨와인	Second(‘제2의, 둘째의’) de Durfort
	블 랜 딩	CS 70% CF 15% Mer 15%

7)	와 인 명	Chateau Gruaud – Larose
	의 미	Gruaud(인명, The Gruaud Family) – Larose(인명, Joseph Sebastien de La Rose)
	산 지	Saint – Julien
	사 이 트	www.gruaud-larose.com
	세컨와인	Sarget(인명, Baron Sarget) du Gruaud – Larose
	블 랜 딩	CS 57% Mer 30% CF 8% Mal 2% PV 3%

8)	와 인 명	Chateau Lascombes
	의 미	Lascombes(인명, Chevalier Antoine de Lascombes)
	산 지	Margaux
	사 이 트	www.chateau-lascombes.com
	세컨와인	Chevalier('기사') de Lascombes
	블 랜 딩	CS 55% Mer 40% PV 5%

9)	와 인 명	Chateau Brane – Cantenac
	의 미	Brane(인명, Hector de Brane) – Cantenac(지명)
	산 지	Cantenac 〉Margaux
	사 이 트	www.brane-cantenac.com
	세컨와인	Le Baron('남작') de Brane
	블 랜 딩	CS 70% Mer 20% CF 10%

10)	와 인 명	Chateau Pichon – Longueville – Baron
	의 미	Pichon(인명, The Pichon Family) – Longue('오랜, 긴') + ville(지명의 일부로서 town, city의 뜻) – Baron('남작')
	산 지	Pauillac
	사 이 트	www.pichonlongueville.com
	세컨와인	Les Tourelles('작은 탑, 망루') de Pichon
	블 랜 딩	CS 75% Mer 25%

11)	와 인 명	Chateau Pichon – Longueville – Comtesse de Lalande
	의 미	Pichon – Longueville – Comtesse('백작부인') de Lalande(La lande('광야, 황야'))
	산 지	Pauillac
	사 이 트	www.pichon–lalande.com
	세컨와인	Reserve('저장고, 창고') de La Comtesse('백작부인')
	블 랜 딩	CS 45% Mer 35% CF 12% PV 8%

12)	와 인 명	Chateau Ducru – Beaucaillou
	의 미	Ducru(인명, Gustave Ducru) – Beaucaillou(Beau ('아름다운') + Caillou('자갈, 조약돌'))
	산 지	Saint – Julien
	사 이 트	www.chateau–ducru–beaucaillou.com
	세컨와인	Chateau La Croix('십자가')
	블 랜 딩	CS 65% Mer 25% CF 5% PV 5%

13)	와 인 명	Chateau Cos d'Estournel
	의 미	Cos(가스꼬뉴 고어로 Caux에서 유래 '자갈이 많은 비탈') d'Estournel(인명, Louis Gaspar d'Estournel)
	산 지	Saint - Estephe
	사 이 트	www.cosestournel.com
	세컨와인	Les Pagodes('사원, 절') de Cos('자갈이 많은 비탈')
	블 랜 딩	CS 58% Mer 38% CF 2% PV 2%

14)	와 인 명	Chateau Montrose
	의 미	Mont('산') + rose('장미')
	산 지	Saint - Estephe
	사 이 트	www.chateau-montrose.com
	세컨와인	La Dame('부인, 성모마리아') de Montrose
	블 랜 딩	CS 65% Mer 25% CF 10%

1)	와 인 명	Chateau Kirwan
	의 미	Kirwan(인명, Mark Kirwan)
	산 지	Margaux
	사 이 트	www.chateau-kirwan.com
	세컨와인	Les Charmes('주문, 마력, 매력, 아름다움') de Kirwan
	블 랜 딩	CS 40% Mer 30% CF 20% PV 10%

2)	와 인 명	Chateau d'Issan
	의 미	d'Issan(인명에서 유래된 '작은 포구 이름')
	산 지	Margaux
	사 이 트	www.chateau-issan.com
	세컨와인	Blason('가문, 문장') d'Issan
	블 랜 딩	CS 70% Mer 30%

3)	와 인 명	Chateau Lagrange
	의 미	La('강조') + grange('(농가의) 헛간, 광, 곡물(곡식) 창고')
	산 지	Saint-Julien
	사 이 트	www.chateau-lagrange.com
	세컨와인	Les Fiefs('봉토, 영지') − de − Lagrange
	블 랜 딩	CS 66% Mer 27% PV 7%

<table>
<tr><td>4)</td><td>와 인 명</td><td>Chateau Langoa – Barton</td></tr>
<tr><td></td><td>의 미</td><td>Langoa(인명에서 유래된 포도원 이름)
– Barton(인명, Hugh Barton)</td></tr>
<tr><td></td><td>산 지</td><td>Saint – Julien</td></tr>
<tr><td></td><td>사 이 트</td><td>www.leoville–barton.com</td></tr>
<tr><td></td><td>세컨와인</td><td>Chateau Lady('영국 귀족(Lord)의 부인에 대한 존칭) Langoa</td></tr>
<tr><td></td><td>블 랜 딩</td><td>CS　74%
Mer 20%
CF　　6%</td></tr>
<tr><td>5)</td><td>와 인 명</td><td>Chateau Giscours</td></tr>
<tr><td></td><td>의 미</td><td>Giscours(정확한 어원은 알려진 바 없지만, cours('(물의) 흐름')과 관련
되어 있다.)</td></tr>
<tr><td></td><td>산 지</td><td>Margaux</td></tr>
<tr><td></td><td>사 이 트</td><td>www.chateau-giscours.com</td></tr>
<tr><td></td><td>세컨와인</td><td>La Sirene('세이렌(반인반어인 바다의 요정)') de Giscours</td></tr>
<tr><td></td><td>블 랜 딩</td><td>CS　53%
Mer 42%
CF　　5%
& PV</td></tr>
<tr><td>6)</td><td>와 인 명</td><td>Chateau Malescot – St – Exupery</td></tr>
<tr><td></td><td>의 미</td><td>Malescot(인명, Simon Malescot) – St – Exupery
(인명, Jean – Baptiste de Saint – Exupery)</td></tr>
<tr><td></td><td>산 지</td><td>Margaux</td></tr>
<tr><td></td><td>사 이 트</td><td>www.malescot.com</td></tr>
<tr><td></td><td>세컨와인</td><td>La Dame('부인') de Malescot</td></tr>
<tr><td></td><td>블 랜 딩</td><td>CS　50%
Mer 35%
CF　10%
PV　　5%</td></tr>
</table>

7)	와 인 명	Chateau Cantenac Brown
	의 미	Cantenac(지명) Brown(인명, Jean Louis Brown)
	산 지	Cantenac 〉 Margaux
	사 이 트	www.cantenacbrown.com
	세컨와인	Chateau Canut(인명)
	블 랜 딩	CS 65% Mer 25% CF 10%

8)	와 인 명	Chateau Boyd – Cantenac
	의 미	Boyd(인명, Jacques Boyd) – Cantenac(지명)
	산 지	Cantenac 〉 Margaux
	사 이 트	www.boyd-cantenac.fr
	세컨와인	Jacques Boyd(인명)
	블 랜 딩	CS 67% Mer 20% CF 7% PV 6%

9)	와 인 명	Chateau Palmer
	의 미	Palmer(인명, Charles Palmer)
	산 지	Margaux
	사 이 트	www.chateau-palmer.com
	세컨와인	Alto(① 알토 ② 비올라 ③ Haut('높다')) Ego('자아')
	블 랜 딩	CS 47% Mer 47% PV 6%

10)	와 인 명	Chateau La Lagune
	의 미	La(`강조`) Lagune(`라군, 석호`)
	산 지	Ludon 〉 Haut Medoc
	사 이 트	사이트 없음
	세컨와인	① Chateau Ludon(지명) – Pomies(인명) – Agassac(인명) ② Moulin(`풍차`) de La Lagune
	블 랜 딩	CS 60% Mer 20% CF 10% PV 10%

11)	와 인 명	Chateau Desmirail
	의 미	Desmirail(인명, Jean Desmirail)
	산 지	Margaux
	사 이 트	www.chateau-desmirail.com
	세컨와인	Chateau Fontarney(인명)
	블 랜 딩	CS 70% Mer 25% CF 5%

12)	와 인 명	Chateau Calon – Segur
	의 미	Calon(`지롱드 강에서 목재를 실어 나르는 작은 나룻배`) – Segur (인명, Nicolas de Segur)
	산 지	Saint – Estephe
	사 이 트	사이트 없음
	세컨와인	Marquis(`후작`) de Segur
	블 랜 딩	CS 50% Mer 25% CF 10% PV 5%

13)	와 인 명	Chateau Ferriere
	의 미	Ferriere(인명, Mrs. Vve J. Ferriere)
	산 지	Margaux
	사 이 트	www.ferriere.com
	세컨와인	Les Remparts('성벽, 성채') de Ferriere
	블 랜 딩	CS 75% Mer 20% PV 5%

14)	와 인 명	Chateau Marquis d'Alesme Becker
	의 미	Marquis('후작') d'Alesme Becker(인명)
	산 지	Margaux
	사 이 트	사이트 없음
	세컨와인	Marquis('후작') d'Alesme
	블 랜 딩	CS 30% Mer 45% CF 15% PV 10%

• Quatriemes Crus − 10개

1)	와 인 명	Chateau Saint − Pierre
	의 미	Saint − Pierre(인명, Le Baron de Saint − Perre) = Saint('성자', 성스러움) − Pierre(베드로(예수의 첫째 제자))
	산 지	Saint − Julien
	사 이 트	www.chateausaintpierre.fr
	세컨와인	− 없음 −
	블 랜 딩	CS 70% Mer 20% CF 10%

2)	와 인 명	Chateau Talbot
	의 미	Talbot(인명, 영국 장군 John Talbot)
	산 지	Saint − Julien
	사 이 트	www.chateau-talbot.com
	세컨와인	Connetable(총독, 사령관) Talbot
	블 랜 딩	CS 66% Mer 26% PV 5% CF 3%

3)	와 인 명	Chateau Branaire − Ducru
	의 미	Branaire(인명, Jean − Baptiste Braneyre) − Ducru(인명, Gustave Ducru)
	산 지	Saint − Julien
	사 이 트	www.branaire.com
	세컨와인	Chateau Duluc(인명)
	블 랜 딩	CS 70% Mer 22% CF 5% PV 3%

4)	와 인 명	Chateau Duhaire – Milon – Rothschild
	의 미	Duhaire(인명, 프랑스 왕의 아우였던 Duhart) – Milon('강가 근처의 유명한 명칭의 명소') – Rothschild(인명, The Rothschild Family)
	산 지	Pauillac
	사 이 트	www.lafite.com
	세컨와인	Moulin('방아') – de – Duhart
	블 랜 딩	CS 57% Mer 21% CF 20% PV 2%

5)	와 인 명	Chateau Pouget
	의 미	Pouget(인명, Francois – Antoine Pouget)
	산 지	Margaux
	사 이 트	www.chateau–pouget.com
	세컨와인	Tour('탑') Massac(지명)
	블 랜 딩	CS 66% Mer 30% CF 4%

6)	와 인 명	Chateau La Tour Carnet
	의 미	La('강조') Tour('탑') Carnet(인명, Sjeur de Carnet)
	산 지	Haut – Medoc
	사 이 트	www.chateau–latour–carnet.com
	세컨와인	Douves('도랑, (성벽 주위의) 호') de Carnet
	블 랜 딩	CS 53% Mer 33% CF 10% PV 4%

7)	와 인 명	Chateau Lafon – Rochet
	의 미	Lafon(인명, Monsieur Pierre de Lafon) – Rochet(Rochette라 불리던 포도밭 이름) ① Rochet **1** (가톨릭) 로셰틈, 소백의 (주교, 추기경 따위의) 　　　　 **2** (중세의) 짧은 윗도리 ② Rocheux : 바위투성이의, 암석이 많은
	산 지	Saint – Estephe
	사 이 트	www.lafon-rochet.com
	세컨와인	① Les Pelerins('순례자, 여행자') de Lafon-Rochet ② No. 2 du Chateaux Laton-Rochet
	블 랜 딩	CS　55% Mer 40% CF　5%

8)	와 인 명	Chateau Beychevelle
	의 미	Beychevelle('돛을 내려라'란 뜻의 Baisse Voile에서 유래)
	산 지	Saint – Julien
	사 이 트	www.beychevelle.com
	세컨와인	L'Amiral('(함대의) 제독, (해군) 사령관') de Beychevelle
	블 랜 딩	CS　60% Mer 28% CF　8% PV　4%

9)	와 인 명	Chateau Prieure – Lichine
	의 미	Prieure('수도원장의 관사, 수도원(의 교회)) – Lichine(인명)
	산 지	Margaux
	사 이 트	www.prieure-lichine.fr
	세컨와인	Le Cloitre('수도원 경내, 수도원') du Chateau Prieure – Lichine
	블 랜 딩	CS　56% Mer 34% PV 10%

10)	와 인 명	Chateau Marquis de Terme
	의 미	Marquis('후작') de Terme(인명) ★Terme('한계, 종말, 경계표')
	산 지	Margaux
	사 이 트	www.chateau-marquis-de-terme.com
	세컨와인	Les Gondats(Gond : '경첩') de Marquis de Terme
	블 랜 딩	CS 40% CF 20% Mer 35% CF 5% & PV

1)	와 인 명	Chateau Pontet – Canet
	의 미	Pontet(인명, Jean Francois Pontet) – Canet('포도밭 이름')
	산 지	Pauillac
	사 이 트	www.pontet-canet.com
	세컨와인	Les Hauts('높이, 꼭대기, 상부') de Pontet
	블 랜 딩	CS 62% Mer 32% CF 6%

2)	와 인 명	Chateau Batailley
	의 미	Batailley ① 백년전쟁 당시 프랑스를 이기게 한 결정적 승리의 장소 ② 인명, 보르도 와인 중계상 Batailley
	산 지	Pauillac
	사 이 트	사이트 없음
	세컨와인	Chateau Haut('높이, 꼭대기, 상부') – Bages(인명, Des Bages Family) Monpelou
	블 랜 딩	CS 70% Mer 25% CF 5%

3)	와 인 명	Chateau Haut – Batailley
	의 미	Haut('높이, 꼭대기, 상부') – Batailley
	산 지	Pauillac
	사 이 트	사이트 없음
	세컨와인	Chateau La Tour('탑') – d'Aspic(① 살무사, 코브라 ② 라벤다의 일종)
	블 랜 딩	CS 65% Mer 25% CF 10%

4)	와 인 명	Chateau Grand – Puy – Lacoste
	의 미	Grand('위대한') – Puy('산, 언덕') – Lacoste(인명, Francoise Lacoste)
	산 지	Pauillac
	사 이 트	사이트 없음
	세컨와인	Lacoste – Borie(인명, The Borie Family)
	블 랜 딩	CS 75% Mer 25%

5)	와 인 명	Chateau Grand – Puy – Ducasse
	의 미	Grand('위대한') – Puy('산, 언덕') – Ducasse(인명, Pascale Ducasse)
	산 지	Pauillac
	사 이 트	www.cordier–wines.com
	세컨와인	Chateau Artigues – Arnaud(인명)
	블 랜 딩	CS 60% Mer 40%

6)	와 인 명	Chateau Lynch – Bages
	의 미	Lynch(인명, Thomas Lynch) – Bages(인명, Des Bages Family에서 유래된 Bages plateau)
	산 지	Pauillac
	사 이 트	www.lynch–bages.com
	세컨와인	Haut – Bages – Averous(인명)
	블 랜 딩	CS 75% Mer 15% CF 10%

7)	와 인 명	Chateau Lynch – Moussas
	의 미	Lynch(인명, Thomas Lynch) – Moussas('마을 이름')
	산 지	Pauillac
	사 이 트	사이트 없음
	세컨와인	Chateau Haut – Madrac
	블 랜 딩	CS 75% Mer 25%

8)	와 인 명	Chateau Dauzac
	의 미	Dauzac('Labarde의 포도밭 이름')
	산 지	Margaux
	사 이 트	www.andrelurton.com
	세컨와인	① Chateaux Labarde(지명) ② La Bastide('작은 요새')
	블 랜 딩	CS 58% Mer 37% CF 5%

9)	와 인 명	Chateau d'Armailhac
	의 미	d'Armailhac(인명, 농학자였던 d'Armailhac)
	산 지	Pauillac
	사 이 트	www.bpdr.com
	세컨와인	– 없음 –
	블 랜 딩	CS 50% Mer 25% CF 23% PV 2%

10)	와 인 명	Chateau du Tertre
	의 미	du Tertre('언덕, 작은 산, 흙무덤')
	산 지	Margaux
	사 이 트	www.chateau-du-tertre.com
	세컨와인	Les Hauts('높이, 꼭대기, 상부') du Tertre
	블 랜 딩	CS 40% CF 20% Mer 35% PV 5%

11)	와 인 명	Chateau Haut - Bages Liberal
	의 미	Haut('높다') - Bages(인명, Des Bages Family) Liberal(인명, Mr Liberal)
	산 지	Pauillac
	사 이 트	www.hautbagesliberal.com
	세컨와인	Chapelle('예배당') de Bages
	블 랜 딩	CS 80% Mer 20%

12)	와 인 명	Chateau Camensac
	의 미	정확한 의미는 나와 있지 않지만 Mrs. Vve Lafon de Camarsac(인명)
	산 지	St - Laurent 〉 Haut - Medoc
	사 이 트	www.chateaucamensac.com
	세컨와인	① La Closerie('(울타리를 친) 작은 농원, 작은 소작지) de Camensac ② Le Bailly de Camensac
	블 랜 딩	CS 60% Mer 40%

13)	와 인 명	Chateau Pedesclaux
	의 미	Pedesclaux(인명, Mr. Pierre de Pedesclaux)
	산 지	Pauillac
	사 이 트	www.chateau-pedesclaux.com
	세컨와인	Chateau Haut Padarnac(지명)
	블 랜 딩	CS 50% Mer 45% CF 5%

14)	와 인 명	Chateau Belgrave
	의 미	Bel(=Beau '아름다운') + grave('자갈')
	산 지	St - Laurent 〉 Haut - Medoc
	사 이 트	www.dourthe.com
	세컨와인	Diana('디아나(달의 여신)') de Belgrave
	블 랜 딩	CS 55% Mer 32% CF 12% PV 1%

15)	와 인 명	Chateau Cos Labory
	의 미	Cos(가스꼬뉴 고어로 '자갈이 많은 비탈'의 Caux에서 유래) Labory(인명, Francois - Armand Labory)
	산 지	Saint - Estephe
	사 이 트	www.chateau-cos-labory.com
	세컨와인	Charme('① 마력 ② 매력, 아름다움) Labory
	블 랜 딩	CS 60% Mer 35% CF 10% PV 5%

16)	와 인 명	Chateau Clerc – Milon
	의 미	Clerc(인명, Jean – Baptiste Clerc) – Milon('마을 근처의 유명한 장소 명칭')
	산 지	Pauillac
	사 이 트	www.bpdr.com
	세컨와인	– 없음 –
	블 랜 딩	CS 70% Mer 20% CF 10%

17)	와 인 명	Chateau Croizet Bages
	의 미	Croizet(인명, The Croizet Family) Bages(인명, Des Bages Family)
	산 지	Pauillac
	사 이 트	사이트 없음
	세컨와인	– 없음 –
	블 랜 딩	CS 40% Mer 45% CF 15%

18)	와 인 명	Chateau Cantemerle
	의 미	Cantemerle(인명, Pons de Cantemerle) = 지저귀는 개똥지빠귀의 뜻도 있다.
	산 지	Macau 〉Haut – Medoc
	사 이 트	www.chateau-cantemerle.com
	세컨와인	① Ville('도시') + neuve('새로운') de Cantemerle ② Allees('오솔길, 산책로') de Cantemerle
	블 랜 딩	CS 60% Mer 40%

부르주아(Bourgeois)란?

옛날 도시를 보면 도시의 한복판에 영주의 저택이 있고, 영주의 저택을 중심으로 적의 침입을 막기 위한 성을 쌓아 성 밖에는 농사꾼, 일꾼 등 평민이 살고, 성 안에는 영주를 위한 법률가, 의사, 돈 많은 상인, 은행가들이 살게 되어 있었다. 부유한 이들(법률가, 의사, 돈 많은 상인, 은행가들)을 일컫는 말로 '큰 마을, 큰 부락' 이란 말의 부르(bourg)에서 유래되어 '마을(큰 부락) 안 사람' 이란 말의 '부르주아(bourgeois)' 가 탄생하게 되었다.

크뤼 부르주아(Cru Bourgeois)란 명칭은 약 200년 전부터 사용되었다. 그러나 공식적으로는 1932년에 보르도 상공회의소에서 분류, 1966년 부르주아조합(Syndicat des Crus Bourgeois)을 결성하고, 다시 분류를 시도하여 1978년 재개정하였다.

Crus Bourgeois Exceptionnels   9곳
Crus Bourgeois Superieurs   87곳
Crus Bourgeois   151곳

지금도 새로 제정과 조정을 반복하고 있다.

1)	와 인 명	Chateau Chasse − Spleen
	의 미	Chasse('사냥(하다), 날려버리다') − Spleen('우울(증)')
	산 지	Moulis en Medoc
	사 이 트	www.chasse−spleen.com
	세컨와인	① L'Ermitage(① 은자의 암자 ② 외딴집, 쓸쓸한 곳) de Chasse − Spleen ② l'Oratoire('기도실, 작은 예배당') de Chasse − Spleen
	블 랜 딩	CS 73% Mer 20% PV 7%

2)	와 인 명	Chateau Haut − Marbuzet
	의 미	Haut('높다') − Marbuzet(인명에서 온 포도밭 이름)
	산 지	Saint − Estephe
	사 이 트	사이트 없음
	세컨와인	MacCarthy(인명)
	블 랜 딩	CS 50% Mer 40% CF 10%

3)	와 인 명	Chateau Labegorce Zede
	의 미	Labegorce('벌판 이름') Zede(인명, Jean − Emile Zede)
	산 지	Margaux
	사 이 트	www.chateau−labegorce.fr
	세컨와인	Chateau de l'Amiral('(해군) 사령관')
	블 랜 딩	CS 50% Mer 35% CF 10% PV 5%

4)	와 인 명	Chateau Les Ormes de Pez
	의 미	Les Ormes('느릅나무') de Pez(인명, The Pez Family)
	산 지	Saint – Estephe
	사 이 트	www.ormesdepez.com
	세컨와인	– 없음 –
	블 랜 딩	CS 55% Mer 35% CF 10%

5)	와 인 명	Chateau de Pez
	의 미	de Pez(인명, The Pez Family)
	산 지	Saint – Estephe
	사 이 트	www.champagne-roederer.com
	세컨와인	– 없음 –
	블 랜 딩	CS 45% CF 44% Mer 8% PV 3%

6)	와 인 명	Chateau Phelan Segur
	의 미	Phelan(인명, Frank Phelan) Segur(인명, Nicolas de Segur)
	산 지	Saint – Estephe
	사 이 트	www.phelansegur.com
	세컨와인	Frank Phelan(인명)
	블 랜 딩	CS 60% Mer 35% CF 5%

7)	와 인 명	Chateau Potensac
	의 미	Potensac(지명)
	산 지	Medoc
	사 이 트	www.potensac.com
	세컨와인	Chateau Gallais(인명) – Belle('아름다운') + vue('전망, 외관') – Lassalle(인명)
	블 랜 딩	CS 60% Mer 25% CF 15%

8)	와 인 명	Chateau Poujeaux
	의 미	Poujeaux(인명, La Salle de Poujeaux)
	산 지	Moulis
	사 이 트	www.chateaupoujeaux.com
	세컨와인	Chateau La Salle de Poujeaux
	블 랜 딩	CS 50% Mer 40% CF 5% PV 5%

9)	와 인 명	Chateau Siran
	의 미	Siran(인명, Guilhem de Siran)
	산 지	Margaux
	사 이 트	www.chateausiran.com
	세컨와인	Chateau Belle('아름다운') + garde('① 보관, 관리 ② (신의) 가호')
	블 랜 딩	CS 50% Mer 30% PV 12% CF 8%

라벨로 보는 명화 2탄 – Siran

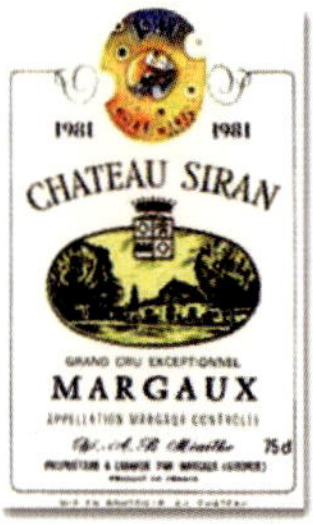

1981

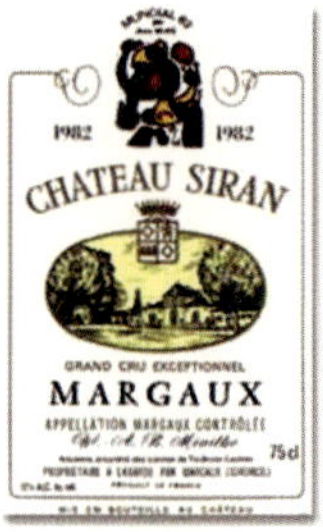

1982

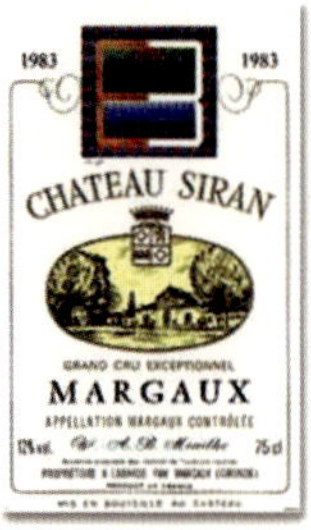

1983

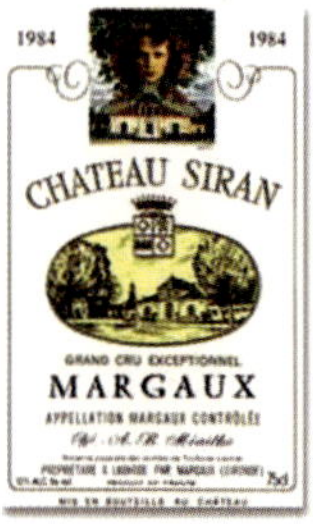

1984

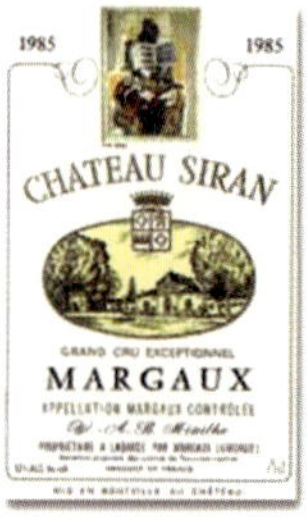

1985

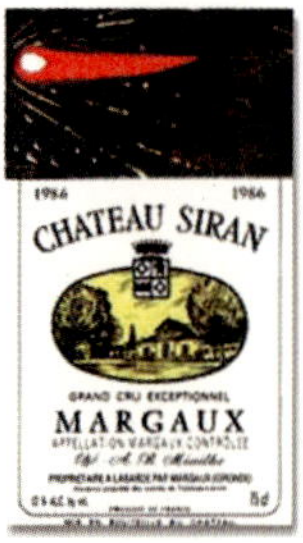

1986

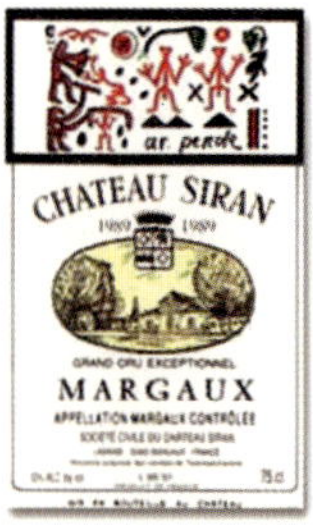

1989

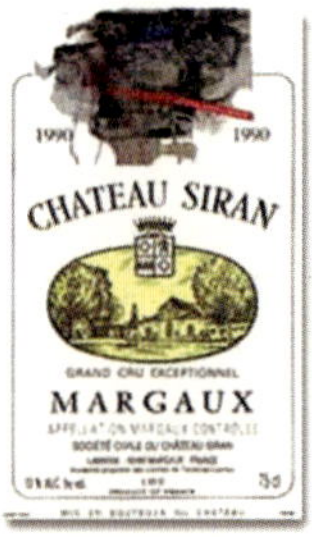

1990

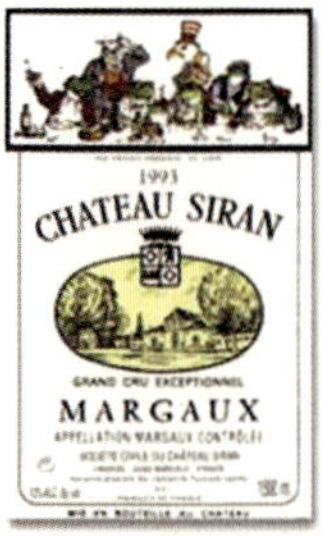

1993

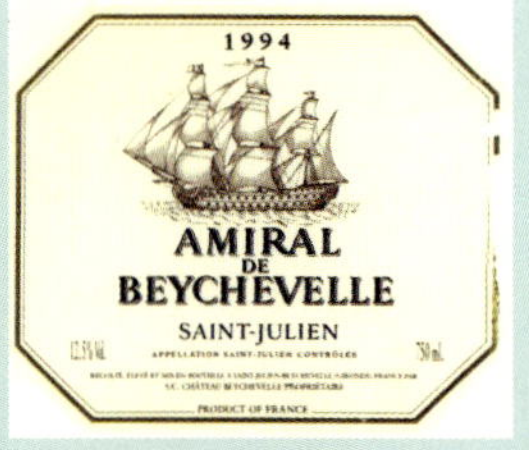

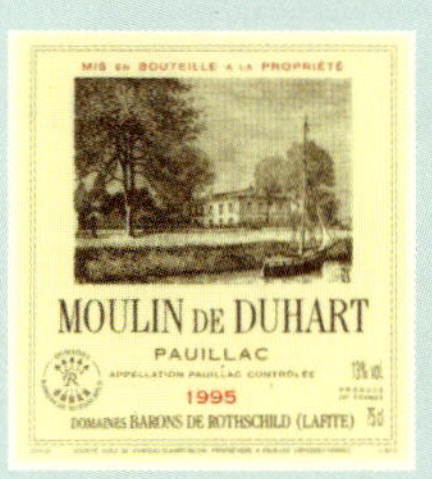

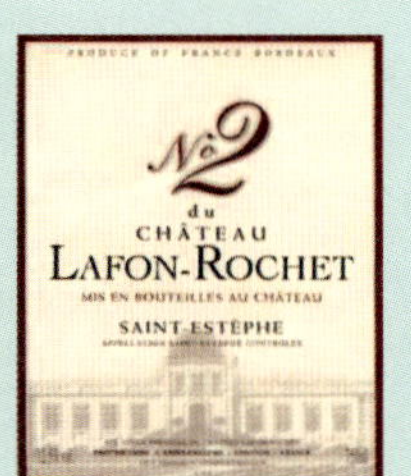

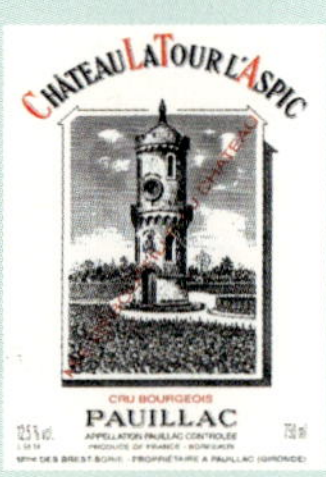

1994  | 1995  | 1996

1997  | 1998  | 1999

2000  | 2001  | 2002

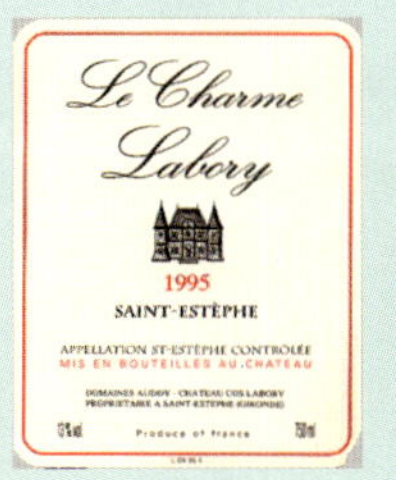

• Graves Crus Classes – Red : 13개, White : 8개

1)	와 인 명	Chateau Bouscaut	
	의 미	Bous('흥분하다') + caut('신중')	
	산 지	Pessac – Leognan	
	사 이 트	www.lucienlurton.com	
	세컨와인	Chateau Valoux(인명)	
	블 랜 딩	① Red Mer 50% CS 45% CF 5% Mal 5%	① White Sem 70% Sauv 30%

2)	와 인 명	Chateau Haut – Bailly	
	의 미	Haut('높다') – Bailly(인명에서 유래된 지명)	
	산 지	Pessac – Leognan	
	사 이 트	www.chateau–haut–bailly.com	
	세컨와인	Le Pardre(지명) de Haut – Bailly	
	블 랜 딩	② Red Mer 50% CS 45% CF 5% Mal 5%	

3)	와 인 명	Chateau Carbonnieux	
	의 미	Carbonnieux(인명, Raymont Carbonnieux)	
	산 지	Pessac – Leognan	
	사 이 트	www.carbonnieux.com	
	세컨와인	Chateau Tour('탑') Leo('사자') + gnan('연약한')	
	블 랜 딩	③ Red CS 60% Mer 30% CF 7% Mal 2% PV 1%	② White Sauv 65% Sem 35%

4)	와 인 명	Chateau Malartic – Lagraviere	
	의 미	Malartic(인명, De Malartic) – Lagraviere(인명, De La Graviere)	
	산 지	Pessac – Leognan	
	사 이 트	www.malartic-lagraviere.com	
	세컨와인	Le Sillage(① (배의) 항진 속도 ② 발자취) de Malartic	
	블 랜 딩	④ Red 　CS 40% 　CF 10% 　Mer 50%	③ White 　Sauv 80% 　Sem 20%

5)	와 인 명	Chateau Olivier	
	의 미	Olivier(인명, Olivier de Vezin)	
	산 지	Pessac – Leognan	
	사 이 트	www.chateau-olivier.com	
	세컨와인	La Seigneurie('영지') d'Olivier du Chateau Olivier	
	블 랜 딩	⑤ Red 　CS 55% 　Mer 35% 　CF 10%	④ White 　Sem 55% 　Sauv 40% 　Musc 5%

6)	와 인 명	Chateau de Fieuzal	
	의 미	de Fieuzal(인명, The Fieuzal Family)	
	산 지	Pessac – Leognan	
	사 이 트	사이트 없음	
	세컨와인	l'Abeille('꿀벌') de Fieuzal	
	블 랜 딩	⑥ Red 　CS 60% 　Mer 35% 　PV 2.5% 　CF 4.5%	

7)	와 인 명	Domaine de Chevalier	
	의 미	Domaine('영지') de Chevalier('기사')	
	산 지	Pessac – Leognan	
	사 이 트	www.domainedechevalier.com	
	세컨와인	L'Espirit('성신기사단') de Chevalier('기사')	
	블 랜 딩	⑦ Red 　CS　65% 　Mer　30% 　CF　5%	⑤ White 　Sauv 70% 　Sem　30%

8)	와 인 명	Chateau Smith Haut Lafitte	
	의 미	Smith(인명, Georges Smith) Haut('높다') Lafitte('작은 언덕' 정도의 가스꼬뉴 방언)	
	산 지	Pessac – Leognan	
	사 이 트	www.smith-haut-lafitte.com	
	세컨와인	Les Hauts('꼭대기, 정상, 상부') – de – Smith – Haut – Lafitte	
	블 랜 딩	⑧ Red 　CS　55% 　Mer　35% 　CF　10%	

9)	와 인 명	Chateau La Tour – Martillac	
	의 미	La Tour('탑') – Martillac('마을 이름')	
	산 지	Pessac – Leognan	
	사 이 트	www.latour-martillac.com	
	세컨와인	Chateau La Grave('자갈') – Mortillac	
	블 랜 딩	⑨ Red 　CS　60% 　Mer　35% 　CF　5% & PV	⑥ White 　Sem　55% 　Sauv 40% 　Musc 5%

10)	와 인 명	Chateau La Mission Haut – Brion	
	의 미	La Mission('전도, 사명, 임무') Haut('높다') – Brion('자갈')	
	산 지	Pessac – Leognan	
	사 이 트	www.haut-brion.com/cht/	
	세컨와인	La Chapelle('예배당') de La Mission Haut – Brion	
	블 랜 딩	⑩ Red 　CS　48% 　Mer 45% 　CF　 7%	

11)	와 인 명	Chateau Laville Haut – Brion	
	의 미	Laville(① '마을' ② 인명, Marie de Laville) Haut('높다') – Brion('자갈')	
	산 지	Pessac – Leognan	
	사 이 트	www.haut-brion.com/cht/	
	세컨와인	– 없음 –	
	블 랜 딩		⑦ White 　Sem　70% 　Sauv 27% 　Musc　 3%

12)	와 인 명	Chateau La Tour Haut – Brion	
	의 미	La('강조') Tour('탑') Haut('높다') – Brion('자갈')	
	산 지	Pessac – Leognan	
	사 이 트	www.haut-brion.com/cht/	
	세컨와인	– 없음 –	
	블 랜 딩	⑪ Red 　CS　42% 　CF　35% 　Mer 23%	

13)	와 인 명	Chateau Pape Clement	
	의 미	Pape('교황') Clement(인명, Clement 5세로 교황에 선출된 베르나르 드 곳(Bernard de Goth))	
	산 지	Pessac – Leognan	
	사 이 트	www.pape–clement.com	
	세컨와인	Le Clementin('① 관대한, 인자한, 너그러운 ② 나무') du Pape – Clement	
	블 랜 딩	⑫ Red CS 60% Mer 40%	

14)	와 인 명	Chateau Couhins – Lurton	
	의 미	Couhins(인명) – Lurton(인명, Andre Lurton)	
	산 지	Pessac – Leognan	
	사 이 트	www.andrelurton.com	
	세컨와인	Chateau Cantebau	
	블 랜 딩		⑧ White Sauv 100%

15)	와 인 명	Chateau Haut – Brion	
	의 미	Haut('높은') – Brion('자갈')	
	산 지	Pessac – Leognan	
	사 이 트	www.haut–brion.com/cht/	
	세컨와인	Chateau Bahans(인명, The Bahans Family) Haut – Brion	
	블 랜 딩	⑬ Red CS 45% Mer 37% CF 18%	

1)	와 인 명	Chateau Petrus
	의 미	Petrus(인명, 라틴어로 '천국의 문을 지키는 이'라는 뜻으로 예수의 첫째 제자인 베드로)
	산 지	Pomerol
	사 이 트	www.moueix.com
	세컨와인	La('강조') Fleur('꽃') Petrus
	블 랜 딩	Mer 95% CF 5%

2)	와 인 명	Chateau Petit – Village
	의 미	Petit('어린, 연약한') – Village('마을')
	산 지	Pomerol
	사 이 트	www.petit-village.com
	세컨와인	Chateau Jardin('정원') De Petit – Village
	블 랜 딩	Mer 82% CF 9% CS 9%

3)	와 인 명	Chateau L'Evangile
	의 미	L'Evangile('기독교의 교리, 복음서')
	산 지	Pomerol
	사 이 트	www.lafite.com
	세컨와인	Blason('가문, 문장') de L'Evangile
	블 랜 딩	Mer 78% CF 32%

4)	와 인 명	Chateau La Pointe
	의 미	La('강조') Pointe('최고, 절정')
	산 지	Pomerol
	사 이 트	www.chateaulapointe.com
	세컨와인	La Pointe Riffat('불(꽃)'의 뜻인 'riffe')
	블 랜 딩	Mer 75% CF 25%

5)	와 인 명	Chateau Beauregard
	의 미	Beau('아름다운') + regard('시선, 눈길')
	산 지	Pomerol
	사 이 트	www.chateau-beauregard.com
	세컨와인	Benjamin('① 베냐민 (야곱의 막내아들) ② 막내둥이 ③ 귀염둥이') de Beauregard
	블 랜 딩	Mer 70% CF 30%

6)	와 인 명	Chateau Latour A Pomerol
	의 미	La tour('탑') A Pomerol('지명')
	산 지	Pomerol
	사 이 트	www.moueix.com
	세컨와인	– 없음 –
	블 랜 딩	Mer 90% CF 10%

7)	와 인 명	Chateau La Conseillante
	의 미	La Conseillante(인명, Catherine Conseillant)
	산 지	Pomerol
	사 이 트	www.laconseillante.fr
	세컨와인	– 없음 –
	블 랜 딩	Mer 65% CF 30% Mal 5%

8)	와 인 명	Chateau Trotanoy
	의 미	Trot('빠른 속보') + anonyme('무명의')
	산 지	Pomerol
	사 이 트	www.moueix.com
	세컨와인	– 없음 –
	블 랜 딩	Mer 90% CF 10%

9)	와 인 명	Vieux – Chateau – Certan
	의 미	Vieux('오래된') – Chateau('성') – Certan(인명, Certan de May)
	산 지	Pomerol
	사 이 트	www.vieux–chateau–certan.com
	세컨와인	Gravette('자갈') de Certan
	블 랜 딩	Mer 60% CF 30% CS 10%

10)	와 인 명	Chateau Gazin
	의 미	Gazin(=Casa '집')
	산 지	Pomerol
	사 이 트	www.gazin.com
	세컨와인	l'Hospitalet(Hospice에서 유래(순례자, 여행자를 위한 수도원 숙박소)) de Gazin
	블 랜 딩	Mer 90% CF 7% CS 3%

11)	와 인 명	Chateau Nenin
	의 미	Nenin(인명)
	산 지	Pomerol
	사 이 트	사이트 없음
	세컨와인	Fugue('① 도망 ② 둔주곡') de Nenin
	블 랜 딩	Mer 75% CF 25%

12)	와 인 명	Chateau Le Pin
	의 미	Le Pin('소나무')
	산 지	Pomerol
	사 이 트	www.lepinbeausoleil.com
	세컨와인	– 없음 –
	블 랜 딩	Mer 92% CF 8%

13)	와 인 명	Chateau Clinet
	의　미	Clinet(인명)
	산　지	Pomerol
	사 이 트	www.chateauclinet.com
	세컨와인	Fleur('꽃') de Clinet
	블 랜 딩	Mer 75% CS　15% CF　10%

14)	와 인 명	Chateau L'Eglise – Clinet
	의　미	L'Eglise(기독교의 집단(조직)으로서의 교회) – Clinet(인명)
	산　지	Pomerol
	사 이 트	www.eglise-clinet.com
	세컨와인	– 없음 –
	블 랜 딩	Mer 80% CF　20%

15)	와 인 명	Chateau De Sales
	의　미	De Sales(인명, Francis de Sales)
	산　지	Pomerol
	사 이 트	www.chateau-de-sales.com
	세컨와인	Chateau Chant('① 노래, 가곡 ② (새, 벌레의) 울음소리') + alouette('종달새')
	블 랜 딩	Mer 70% CF　15% CS　15%

<table>
<tr><td rowspan="6">16)</td><td>와 인 명</td><td>Chateau Lafleur – Gazin</td></tr>
<tr><td>의　미</td><td>Lafleur('꽃') – Gazin(=Casa '집')</td></tr>
<tr><td>산　지</td><td>Pomerol</td></tr>
<tr><td>사 이 트</td><td>www.moueix.com</td></tr>
<tr><td>세컨와인</td><td>– 없음 –</td></tr>
<tr><td>블 랜 딩</td><td>Mer 80%
CF　20%</td></tr>
<tr><td rowspan="6">17)</td><td>와 인 명</td><td>Chateau Lagrange</td></tr>
<tr><td>의　미</td><td>La('강조') + grange('(농가의) 헛간, 곡물(곡식) 창고')</td></tr>
<tr><td>산　지</td><td>Pomerol</td></tr>
<tr><td>사 이 트</td><td>www.moueix.com</td></tr>
<tr><td>세컨와인</td><td>– 없음 –</td></tr>
<tr><td>블 랜 딩</td><td>Mer 95%
CF　　5%</td></tr>
</table>

Premiers Grands Crus Classes : 13개
Grands Crus Classes : 55개
Grands Crus : 해마다 샘플 검사 후 개수가 정해짐

• Premiers Grands Crus Classes

1)	와 인 명	Chateau Ausone
	의 미	Ausone(인명, 로마의 시인, 아우소니우스(Ausonius))
	산 지	Saint - Emilion
	사 이 트	사이트 없음
	세컨와인	Chapelle('예배당') d'Ausone
	블 랜 딩	Mer 50% CF 50%

2)	와 인 명	Chateau Cheval - Blanc
	의 미	Cheval('말') - Blanc('흰(색)')
	산 지	Saint - Emilion
	사 이 트	www.chateau-cheval-blanc.com
	세컨와인	Petit('어린') Cheval('말')
	블 랜 딩	CF 60% Mer 37% Mal 2% CS 1%

3)	와 인 명	Chateau L'Angelus
	의 미	L'Angelus('삼종 기도(아침, 낮, 저녁의 예수 강생을 기념하는 기도)')
	산 지	Saint - Emilion
	사 이 트	www.angelus.com
	세컨와인	Carillon('주명종, 활발한 종소리') de L'Angelus
	블 랜 딩	Mer 50% CF 45% CS 5%

4)	와 인 명	Chateau Beau – Sejour – Becot
	의 미	Beau('아름다운') – Sejour('체류, 정박') – Becot(인명, Michel Becot)
	산 지	Saint – Emilion
	사 이 트	www.beausejour-becot.com
	세컨와인	Tournelles('작은 탑, 작은 성') des Moines('① 수도사(승)', ② 독수리의 일종)
	블 랜 딩	Mer 70% CS 15% CF 15%

5)	와 인 명	Chateau Beausejour – Duffau – Lagarosse
	의 미	Beau('아름다운') + Sejour('체류, 정박') – Duffau – Lagarosse(인명, Madelein Duffau – Lagarosse)
	산 지	Saint – Emilion
	사 이 트	사이트 없음
	세컨와인	Le Croix('십자가') de Mazerat
	블 랜 딩	Mer 60% CF 25% CS 15%

6)	와 인 명	Chateau Belair
	의 미	Bel('아름다운') + air('외관, 풍채')
	산 지	Saint – Emilion
	사 이 트	www.chateaubelair.com
	세컨와인	Roc('바위') Blanquet(blanque(tte) 백포도주의 일종)
	블 랜 딩	Mer 65% .CF 35%

7)	와 인 명	Chateau Canon
	의 미	Canon(① '계곡' ② 인명 Jacques Kanon)
	산 지	Saint – Emilion
	사 이 트	www.chateau–canon.com
	세컨와인	Clos('(울타리를 둘러친) 포도밭') Canon
	블 랜 딩	Mer 60% CF 40%

8)	와 인 명	Clos Fourtet
	의 미	Clos('(울타리를 둘러친) 포도밭') Fourtet(= Camp fourtet = Little Camp)
	산 지	Saint – Emilion
	사 이 트	www.closfourtet.com
	세컨와인	Domaine('영지') de Martialis('군대(의), 군인(다운), 용사(같은)')
	블 랜 딩	Mer 72% CF 22% CS 6%

9)	와 인 명	Chateau Figeac
	의 미	Figeac(인명, 로마에서 건너온 피제아쿠스(Fegeacus Family))
	산 지	Saint – Emilion
	사 이 트	www.chateau-figeac.com
	세컨와인	La Grange,((농가의) 헛간, 곡물(곡식) 창고) Neuve('새로운') de Figeac
	블 랜 딩	CS 35% CF 35% Mer 30%

10)	와 인 명	Chateau La Gaffeliere
	의 미	La Gaffeliere(고대 Gaffets '나병환자, 문둥병자'에서 유래)
	산 지	Saint - Emilion
	사 이 트	www.chateau-la-gaffeliere.com
	세컨와인	Clos((울타리를 둘러친) 포도밭) La Gaffeliere
	블 랜 딩	Mer 65% CF 30% CS 5%

11)	와 인 명	Chateau Magdelaine
	의 미	Magdelaine(인명)
	산 지	Saint - Emilion
	사 이 트	www.moueix.com
	세컨와인	– 없음 –
	블 랜 딩	Mer 90% CF 10%

12)	와 인 명	Chateau Pavie
	의 미	Pavie('복숭아의 일종')
	산 지	Saint - Emilion
	사 이 트	www.chateaupavie.com
	세컨와인	Chateau('성') Tour('탑') Simard(인명, Simard Family)
	블 랜 딩	Mer 60% CF 30% CS 10%

<table>
<tr><td rowspan="6">13)</td><td>와 인 명</td><td>Chateau Trotte Vieille</td></tr>
<tr><td>의　미</td><td>Trotte('경영하다, 뛰다') Vieille('노년 부인')</td></tr>
<tr><td>산　지</td><td>Saint – Emilion</td></tr>
<tr><td>사 이 트</td><td>사이트 없음</td></tr>
<tr><td>세컨와인</td><td>– 없음 –</td></tr>
<tr><td>블 랜 딩</td><td>Mer 50%
CF　45%
CS　5%</td></tr>
</table>

{ Grand Premier Crus - 1개
Premier Crus - 11개
Deuxiemes Crus - 14개 }

• Grand Premier Crus - 1개

1)	와 인 명	Chateau d'Yquem
	의 미	d'Yquem(인명, Sauvage D'Yquem Family)
	산 지	Sauternes 〉 Sauternes
	사 이 트	www.yquem.fr
	세컨와인	'Y' (=Yquem)
	블 랜 딩	Sem 80% Sauv 20%

• Premier Crus – 11개

<table>
<tr><td rowspan="6">1)</td><td>와 인 명</td><td>Chateau La Tour Blanche</td></tr>
<tr><td>의 미</td><td>La Tour Blanche(인명, Jean Saint – Marc – de Latourblanche)</td></tr>
<tr><td>산 지</td><td>Bommes 〉Sauternes</td></tr>
<tr><td>사 이 트</td><td>www.tour-blanche.com</td></tr>
<tr><td>세컨와인</td><td>Mademoiselle('아가씨, 공주님') de St – Marc(인명, Jean Saint – Marc – de – Latour blanche)</td></tr>
<tr><td>블 랜 딩</td><td>Sem 77%
Sauv 20%
Musc 3%</td></tr>
<tr><td rowspan="6">2)</td><td>와 인 명</td><td>Chateau Lafaurie – Peyraguey</td></tr>
<tr><td>의 미</td><td>Lafaurie(인명, Monsieur Lafaurie) – Peyraguey(포도원 이름)</td></tr>
<tr><td>산 지</td><td>Bommes 〉Sauternes</td></tr>
<tr><td>사 이 트</td><td>www.lafaurie-peyraguey.com</td></tr>
<tr><td>세컨와인</td><td>– 없음 –</td></tr>
<tr><td>블 랜 딩</td><td>Sem 90%
Sauv 5%
Musc 5%</td></tr>
<tr><td rowspan="6">3)</td><td>와 인 명</td><td>Chateau Clos Haut – Peyraguey</td></tr>
<tr><td>의 미</td><td>Clos((울타리를 둘러친) 포도밭) Haut('높다')
– Peyraguey('포도원 이름')</td></tr>
<tr><td>산 지</td><td>Bommes 〉Sauternes</td></tr>
<tr><td>사 이 트</td><td>www.closhautpeyraguey.com</td></tr>
<tr><td>세컨와인</td><td>Haut('높다') – Bommes('지명')</td></tr>
<tr><td>블 랜 딩</td><td>Sem 83%
Sauv 15%
Musc 2%</td></tr>
</table>

4)	와 인 명	Chateau De Rayne – Vigneau
	의 미	De Rayne(인명, Catherine de Rayne) – Vigneau(인명, The de Vigneau Family)
	산 지	Bommes 〉 Sauternes
	사 이 트	www.cordier-wines.com
	세컨와인	Madame('부인') de Rayne(인명)
	블 랜 딩	Sem 83% Sauv 15% Musc 2%

5)	와 인 명	Chateau Suduiraut
	의 미	Suduiraut(인명)
	산 지	Preignac 〉 Sauternes
	사 이 트	www.suduiraut.com
	세컨와인	Castelnau('작은 성') de Suduiraut
	블 랜 딩	Sem 80% Sauv 20%

6)	와 인 명	Chateau Coutet
	의 미	Coutet(Coutre '칼, 단도'에서 유래)
	산 지	Barsac 〉 Barsac
	사 이 트	www.chateaucoutet.com
	세컨와인	Chateau Coutet Cuvee('한통 (가득), 한통에서 생산되는 포도주') Madame('부인')
	블 랜 딩	Sem 75% Sauv 23% Musc 2%

7)	와 인 명	Chateau Climens
	의　　미	Climens(인명, Jean Climens)
	산　　지	Barsac 〉 Barsac
	사 이 트	www.chateau-climens.fr
	세컨와인	Cypres(① 실편백(삼목의 일종) ② 애도의 상징으로 고대인들이 흔히 묘지에 심었던 탓으로 죽음, 애도, 슬픔을 뜻함) de Climens
	블 랜 딩	Sem 100%

8)	와 인 명	Chateau Guiraud
	의　　미	Guiraud(인명, Pierre Guiraud)
	산　　지	Sauternes 〉 Sauternes
	사 이 트	www.chateau-guiraud.fr
	세컨와인	Le Dauphin(① 돌고래 ② 후계자) de Chateau Guiraud
	블 랜 딩	Sem 65% Sauv 35%

9)	와 인 명	Chateau Rabaud – Promis
	의　　미	Rabaud(인명, Madame Peyronne de Rabaud) – Promis(인명, Adrien Promis)
	산　　지	Bommes 〉 Sauternes
	사 이 트	사이트 없음
	세컨와인	① Domaine('영지') de l'Estremade ② Chateau Bequet
	블 랜 딩	Sem 80% Sauv 18% Musc 2%

10)	와 인 명	Chateau Rieussec
	의 미	Rieussec(디캠과 경계를 이루며 종종 마르는 시냇물에서 연유)
	산 지	Farhues 〉 Sauternes
	사 이 트	www.lafite.com
	세컨와인	① Clos((울타리를 둘러친) 포도밭) Labere ② Chateau Mayne(**1** '저택' **2** 지명) des Carmes('카르멜(Carmel) 　　　　　　　　　수도회 수도사')
	블 랜 딩	Sem 89% Sauv 8% Musc 3%

11)	와 인 명	Chateau Sigalas Rabaud
	의 미	Sigalas(인명, Henri Drouilhet de Sigalas) Rabaud(인명, Madame 　　　　Peyronne de Rabaud)
	산 지	Bommes 〉 Sauternes
	사 이 트	사이트 없음
	세컨와인	Le Cadet('동생, 막내') de Sigalas
	블 랜 딩	Sem 85% Sauv 15%

Chile, Argentina

9. 칠레 와인

스페인의 어원이 된 '스파니아(Spania)'라는 말은 지중해를 가로질러 있는 '외지고 막다른 곳, 해가 지는 곳'이란 뜻의 페니키아어에서 유래되었다.

7세기 초 아랍의 사막에서 시작된 이슬람은 100년도 안되는 짧은 시간에 아시아, 아프리카의 여러 나라를 이슬람 국으로 만들었다. 아랍 본토에서 세력경쟁에 밀려 아프리카로 갔던 옴미아드 왕조는 에스파냐 지역의 서고트 왕국이 서유럽 봉건제도의 확립을 위한 과도기에 종교, 왕위계승 문제로 혼란한 틈을 타서 711년 지브롤터 해협(지중해와 대서양, 유럽과 아프리카를 나누는 해협으로 오래 전부터 '헤라클레스의 기둥'이라 불렸다. 711년 타리크 이븐 지야드가 이끄는 이슬람 병사 7,000명이 이곳에 상륙하여, 현재 록으로 불리는 바위산을 '자발 알 타리크(타리크의 언덕)'라고 이름 붙인 것이 후에 지브롤터가 되었다)을 건너 스페인에 상륙해 이슬람 국가를 세웠으니 스페인 남부에 최초로 성립된 이슬람 왕국 안달루시아다. 이슬람 세력은 피레네를 넘어 프랑크 왕국도 노렸으나 732년의 푸아티에 전투에서 패배하여 이베리아 반도로 물러났으며, 그 후부터 8세기 동안 이베리아 반도를 지배하였다. 하지만 이슬람의 종교적, 문화적 유산을 극복해야 한다는 필요성에서 열광적 신앙이 육성되고 교회의 거대한 영향력이 형성된 점도 주목할 만하다. 14세기 후반 국토회복운동으로 강대해진 카스티야 왕국과 아라곤 왕국의 에스파냐는 1479년 아라곤의 페르난도 2세가 카스티야 여왕 이사벨을 아내로 맞이함으로 통일된 에스파냐를 이룩하게 된다. 중세 말기의 스페인은 성경의 묵시록, 종말론에 두려움을 느끼고 있었는데 이는 스페인이 이슬람에 오랫동안 지배를 받았기 때문에 심리적으로 더 심각하게 받아들이게 된 것이다. 따라서 그들은 종말이 오기 전에 이교도를 추방하고 성경에서 예수가 말한 것처럼 온 세상에 복음을 전파해야만 했으며 크리스트교에서 말하는 낙원 건설을 오랫동안 꿈꿔오게 되었다.

가톨릭 신자인 이들 두 왕(페르난도 2세와 이사벨 여왕)은 1492년 에스파냐에 남아있는 이슬람의 마지막 거점인 그라나다를 점령하여 레콘키스타(국토회복운동)를 이룩하여 곧바로 크리스트교가 통치하는 국가를 세웠다. 크리스트교에서 말하는 낙원 건설의 목적으로 이사벨 여왕은 콜럼버스의 항해(이슬람의 천문학과 항해술이 없었으면 불가능했을지 모른다)를 후원하게 되었으며 새롭게 발견된 땅은 마땅히 신과 그 대리인인 스페인 국왕에게 바쳐야 한다고 믿게 되었다. 항해자들은 항해의 안전과 새로운 땅을 획득하기 위해 신의 가호를 기원하는 뜻에서 크리스트교 용어들과 성인들이 이름을 신대륙에 새기는 것을 사명으로 삼았으나 이도 금세 바닥나자 종교 달력이었던 가톨릭의 교회력을 사용하여 종교적 기념일을 지명에 사용하기도 하였다(참고로 에스파냐의 의회는 에스파냐 식민지의 인디언이 10명 죽을 때마다 1,000그루의 포도나무를 심도록 명령했다).

지명으로 사용된 크리스트교 용어

Santa Maria de Concepcion(산타 마리아 데 콘셉시온(잉태한 마리아))
Santa Cruz(산타 크루스(성스러운 십자가))
Santa Fe(산타 페(성스러운 믿음))
San Salvador(산 살바도르(성스러운 구세주))
Santo Domingo(산토 도밍고(성스러운 주일))
Trinidad(트리니다드(삼위일체))
Veracruz(베라크루스(진정한 십자가))

남아메리카

- 안데스 산맥(Andes) :

❶ 잉카어로 동 광산이 있는 산은(anta : 동), 여기에 스페인이 복수형 –s를 붙여 산맥 이름으로 삼았다. ❷ 인디안어로 안투(antu : 동족), 케추아어로 '계단식 밭' 이라는 등 여러 설이 있다. 이러한 것들에 스페인이 복수형 –s를 붙여 산맥 이름으로 삼았다는 설이 있다.

- 알티플라노(Altiplano) : '고원', 스페인어로 알티(alti : 높다)와 플라노(plano : 평원)의 합성어

- 볼리비아 공화국의 수도 라파스(La Paz) :

1548년에 스페인인이 금 채굴지로 건설하면서 푸에블로('마을, 도시') 누에보 ('새롭다') 데 누에스트라('우리의') 세뇨라('성모마리아') 데 라 파스('평화')라는 이름을 붙였다. 나중에 La Paz('평화')만 남았다.

- 파라과이의 수도 아순시온(Asuncion) :

1537년에 스페인의 도밍고 마르티네스 이랄라가 건설. 정식 명칭은 누에스트라 ('우리') 세뇨라('성모마리아') 데 라 아순시온('성모 승천축일')이였으나, 나중에

아순시온(Asuncion : 성모 승천축일)이 되었다.

- 칠레 공화국(Republic of Chile) : ❶ 인디오의 케추아어로 Chile(춥다, 눈)에서 유래 ❷ 아이마라어인 Chili(땅 끝)에서 유래

[수도] 산티아고(Santiago) :

1541년 스페인인 페드로 데 발디비아가 건설. 지명은 스페인어로 '성 야곱', 야곱은 스페인에 포교를 위해 찾아온 예수의 12제자 중 한 사람

- 베네수엘라(Venezuela)의 수도 카라카스(Caracas) :

1567년에 스페인인 로사다가 건설하면서 산티아고 데 레온 데 카라카스(Santiago de Leon de Caracas : 카라카스족 용사가 있는 성 야곱의 도시)라 이름 지었다가 지금은 줄여서 카라카스라 부르고 있다. 카라카스란 인디오 카라카스족의 말로 '상처 입히다'의 뜻이다.

- 콜롬비아(Colombia)의 수도 산타 페 드 보고타(Santa Fe de Bogota) :

인디오 족장 보고타(Bogota)의 이름을 따서 붙여졌다. 1538년 엘도라도(황금향)를 찾아다녔던 스페인의 케사다가 인디언 마을을 파괴하고 도시로 만들었다. 산타 페(Santa Fe)는 그곳을 건설한 날이 가톨릭력의 축일인 '성스러운, 신앙의 날'이었기 때문. Santa('성스러운') + Fe('믿음, 신앙, 그리스도교)

- 아르헨티나(Argentine) :

1816년 독립했을 때 스페인어로 '은'을 뜻하는 라플라타 합중국이었으나, 1826년에 스페인 본국의 압정을 떨쳐내기 위해 라틴어인 argentum('은')에 기초하여 이름을 고쳤다.

[수도] 부에노스 아이레스(Buenos Aires) :

부에노(Bueno : 좋다)와 아이레(aire : 바람)의 결합. 1536년에 스페인의 멘도사가 건설, 그날이 가톨릭력의 삼위일체 축일이었던 데서 선원들이 수호신 마리아에게 항해의 순풍을 기원하여 '시우다 데 라 산티시마 트리니다드 이 푸에르토 데 누에스트라 세뇨라라 비르헨 마리아 데 로스 부에노스 아이레스(삼위

일체 축제의 도시와 좋은 바람의 축복을 받은 성모 마리아의 항구)'라 이름 붙였는데, 생략되어 지금의 이름이 되었다.

- 산티아고(Santiago) : '성 야곱' 스페인에 포교를 위해 찾아온 예수의 12제자 중
  한 사람
- 멘도사(Mendoza) :
  1535년 아르헨티나의 부에노스 아이레스에 최초로 이주해 온 스페인인 Pedro de Mendoza(페드로 데 멘도사) ⇒ (Pedro : '성 베드로' 예수의 12제자 중 한 사람)
- 발디비아(Valdivia) :
  칠레가 세상에 알려지고 스페인 정복자에 의해 이 나라 정복의 역사가 기록되게 된 것은 프란시스코 삐사로(Francisco Pizzaro)와 디에고 데 알마그로(Diego de Almagro)에 의해서이다. 이들은 1532년 잉카제국의 통치자를 포로로 잡고 제국의 수도였던 꾸스꼬(Cusco)를 손에 넣어 엄청난 금은보화를 거머쥐게 된다. 두 사람은 다시 길을 나누어 알마그로가 남으로 내려가 천신만고 끝에 1536년 칠레를 발견하게 된다. 그러나 그는 별 소득 없이 페루에 귀환하고, 친구이던 삐사로와의 싸움으로 결국 죽음을 맞게 되면서 칠레의 발견은 그대로 묻히게 된다. 그 후 삐사로의 부하였던 발디비아(Pedro de Valdivia)가 새로이 칠레 정복의 길에 나섰다. 1541년 2월 12일 마침내 칠레의 원주민을 정복, 최초의 도시를 건설하고 산티아고(Santiago)라 명명했다. 역사의 아이러니로 이 정복자도 한때 자기의 휘하에서 일한 바 있는 원주민 라우따로(Lautaro)의 대 역습에 패해 사로잡혀 처절한 죽음을 당했다.
- 산 발렌틴 산(San Valentin Mt) : 3세기경의 로마의 그리스도교 순교자 Valen-

tine의 이름에서 유래

- 콘셉시온(Concepcion) : '잉태'의 뜻으로 12월 8일 성모 잉태일을 기념
- 산후안(San Juan) :

  Juan은 에스파냐어 이름으로 영어의 John에 해당. St. John 사도 요한으로 원

  뜻은 헤브라이어로 '하나님의 은혜'란 뜻이다.

칠레 와인은 마푸체('땅의 사람'이란 뜻의 Mapuche에서 유래) 언어와 스페인어, 기독교 용어 및 창립자(설립자, 소유주)의 이름 등을 알면 이해하는 데 도움이 된다.

1)	와이너리	Vina Altair
	의 미	Vina('포도원, 포도밭') Altair('견우성')
	산 지	Santiago 〉 Maipo Valley
	사 이 트	www.altairwines.com
	브 랜 드	Altair('견우성') Sideral('천체의, 별의, 항성의')

2)	와이너리	Vina Anakena
	의 미	Anakena('모아이 섬이 있는 해변의 이름에서 유래')
	산 지	Rapel Valley
	사 이 트	www.anakenawines.cl
	브 랜 드	Varietal('변종의, 품종의' → 원료로 쓰인 포도의 품종을 표시한) Reserve(비축) Single('단일') Vineyard('포도원(밭)') Ona('새를 숭배하였던 부족 이름') Premium(특히 우수), 값비싼, 고급의)

3)	와이너리	Vina Antiyal
	의 미	Antiyal(칠레 원주민 마푸체족의 언어로 '태양의 아들'이란 뜻)
	산 지	Las Condes 〉 Maipo Valley
	사 이 트	www.antiyal.com
	브 랜 드	Antiyal('태양의 아들') ★마푸체(Mapuche, '땅의 사람')

4)	와이너리	Balduzzi Vineyards & Winery
	의 미	Balduzzi(인명, 이탈리아 이민자 Don Albano Balduzzi)
	산 지	Maule Valley
	사 이 트	www.balduzziwines.com
	브 랜 드	Varietal(변종의, 품종의) Reserva(비축) Grand(웅장한, 위대한) Reserve(비축) Late(늦은) Harvest(수확)

5)	와이너리	Baron Philippe de Rothschild
	의 미	Baron('남작') Philippe de Rothschild(인명)
	산 지	Maipo Valley
	사 이 트	www.bpdr.com
	브 랜 드	Maipo('지명') Chile Mapu(칠레 원주민인 마푸체족의 언어로 '땅'이란 뜻) Escudo('방패') Rojo('붉은') = Rothschild : 독일어로 Rot(붉은, 빨간색의) + Schild(방패)에서 유래

6)	와이너리	Vina Bisquertt
	의 미	Bisquertt(인명, Osvaldo Bisquertt Robeco)
	산 지	Santiago 〉 Maipo Valley
	사 이 트	www.bisquertt.cl
	브 랜 드	Zeus('그리스 로마 신화의 최고의 신') La Joya(① 장신구, 보석 ② 귀중품, 보물 ③ 답례) EL Vuelo(① 날기 ② 날개 ③ 돌출부 ④ 산의 나무숲) Don Osvaldo(인명) Family('가족')

7)	와이너리	Vina Botalcura
	의 미	Botalcura(지명)
	산 지	Maule Valley
	사 이 트	www.botalcura.cl
	브 랜 드	EL Delirio('망령스러운 소리') La Porfia('끈덕짐, 집념, 고집')

8)	와이너리	Vina Calina
	의 미	Calina('안개')
	산 지	Maule Valley
	사 이 트	www.calina.com
	브 랜 드	Calina('안개') Reserve(비축) Alcance('① 닿음 ② 거리 ③ 재능') Bravura('용맹스러움')

9)	와이너리	Vina Camino Real
	의 미	Camino('길') Real('왕')
	산 지	Santiago 〉 Colchagua Valley
	사 이 트	www.caminoreal.cl
	브 랜 드	Camino('길') Real('왕') Los Portones('큰 문, 현관, 안 문') de San Francisco(성 프란시스코) Casa('집') de Campo('들, 평원') Black('검정(색)') Label('상표, 라벨') Red('붉은(색)') Label('상표, 라벨') Las Casas('집') Del Recuerdo('기억')

10)	와이너리	Vina Canepa
	의 미	Canepa(인명, 이탈리아 이민자 Jose Canepa Vaccarezza)
	산 지	Colchagua Valley
	사 이 트	www.canepa.cl
	브 랜 드	Magnificum(① '장려함, 찬란함, 웅대함' ② 털음 나무) Genovino('제노바지역에서 쓰인 로마 제국 당시 최초의 금화') Special('특별한') Reserve('비축') Late('늦은') Harvest('수확') Finisimo('최고로 좋은') Private('개인적인') Reserve('비축') Oak('오크(떡갈나무') Aged('숙성된') Varietal('원료로 쓰인 포도의 품종을 표시한')

11)	와이너리	Vina Carmen
	의 미	Carmen(인명, 설립자 Christian Lanz의 부인 이름)
	산 지	Santiago
	사 이 트	www.carmen.com
	브 랜 드	Gold(황금(색의)) Reserve('비축') Reserve('비축') Wine('포도주') Maker's(제조자) Nativa('출생의, 태어난, 자연의, 선천적인, 고향') Late('늦은') Harvest('수확') Classic('고전의, 일류의')

12)	와이너리	Casas del Bosque
	의 미	Casas('집') del Bosque('숲, 산림')
	산 지	Santiago > Casablanca Valley
	사 이 트	www.casasdelbosque.cl
	브 랜 드	Family('가족') Reserve('비축') Reserve('비축') Classic(일류의, 고전의) Late('늦은') Harvest('수확') Casa('집') Viva('만세소리, 환성')

13)	와이너리	Casa Lapostolle
	의　미	Casa('집') Lapostolle(인명, 프랑스 이민자 Marnier Lapostolle)
	산　지	Casablanca Valley
	사 이 트	www.casalapostolle.com
	브 랜 드	★Baroness Philippine와 합작 Classic(일류의, 고전의) Clos((울타리를 둘러친) 포도밭) Apalta(지역 이름) Tanao Cuvee(① 한통(가득) ② 한통에서 생산되는 포도주) Alexandre('알렉산더 대왕')

14)	와이너리	Casa Marin
	의　미	Casa('집') Marin(인명, Maria Luz Marin)
	산　지	San Antonio
	사 이 트	www.casamarin.cl
	브 랜 드	Casa('집') Marin(인명) Cartagena('기원전 223년 까르따고의 용장 Asdrubal이 건립한 남서반아 지중해의 항구)

15)	와이너리	Casa Silva
	의　미	Casa('집') Silva(인명, Mario Silva)
	산　지	Colchagua Valley
	사 이 트	www.casasilva.cl
	브 랜 드	Casa('집') Silva(인명) Dona('부인, 귀부인') Dominga's(인명, Domingo '일요일'의 어원) Old('오래된') Vines('포도나무') Single('단일의') Vineyard('포도밭') Reserva(비축) Gran('큰, 위대한') Reserva('비축') Coleccion('수집, 집성') Quinta('5') Generacion('세대')

16)	와이너리	Casa Patronales
	의 미	Casa('집') Patronales('수호신의')
	산 지	Maule Valley
	사 이 트	www.casaspatronales.com
	브 랜 드	Dominio('① 소유권 ② 영토, 주권') Varietal('원료로 쓰인 포도의 품종을 표시한')
17)	와이너리	Concha y Toro
	의 미	Concha y Toro(인명, Don Melchor Concha y Toro) Concha(성모의 원죄 없으신 잉태에서 나온 Conception의 변형 Concha로 '조개'의 뜻도 있음) y(='and') Toro('황소')
	산 지	Maipo Valley
	사 이 트	www.conchaytoro.cl
	브 랜 드	Don Melchor(인명) Amelia('아라비아 추장(amel)이 지배한 지역') Terrunyo(Terruno '흙덩이, 땅') Marques('후작') de Casa Concha Trio('삼중주, 삼총사, 트리오') Casillero('선반 창고') del Diablo('악마') Sunrise('해돋이, 일출') Frontera('① 국경 ② (건물의) 정면, 앞면') Almaviva(프랑스 보마르쉐의 작품. '세빌리아의 이발사'에 등장하는 알마비바 백작의 이름에서 유래하였으며, 이 작품은 이후 모차르트의 '휘가로의 결혼'에도 사용)
18)	와이너리	Cono Sur Winery
	의 미	Cono(원뿔) Sur('남쪽의') = 솔방울 모양을 한 남미대륙의 별칭
	산 지	Maipo Valley
	사 이 트	www.conosur.com
	브 랜 드	Ocio('쉼, 위안거리, 심심풀이, 시간 보내기') 20 Barrels((중배가 불룩한) 통) Limited('제한된') edition((초판, 재판의) 판) Vision('시야, 미래상') Reserve('비축') Cono(원뿔) Sur('남쪽의') Organic('유기농법의') Isla('섬') Negra('① 불행 ② 칼, 검 ③ 가마솥')

19)	와이너리	Cremaschi Furlotti
	의 미	Cremaschi Furlotti(인명, 이탈리아 이민자 Pablo Cremaschi Furlotti)
	산 지	Maule Valley
	사 이 트	www.cremaschifurlotti.cl
	브 랜 드	Ltd(=Limited의 약어로서 유한 책임 회사를 뜻함) Edition((초판, 재판의) 판) Reserve('비축') Selection('선발, 선택') Varietal('원료로 쓰인 포도의 품종을 표시한') Arauco('현재의 칠레의 한 주에 있던 나라') Monte('산') Andino('안데스산맥의') Altue(칠레 마푸체 언어로 Terruno(① 흙덩이 ② 태어난 고향 ③ 땅, 토지) amado('사랑하는, 애인'))
20)	와이너리	Echeverria
	의 미	Echeverria(인명, The Echeverria Family)
	산 지	Curico Valley
	사 이 트	www.echewine.com
	브 랜 드	Valle('계곡') Dorado('금을 입힌, 금빛의') Classic(일류의, 고전의) Reserva('비축') Family('가족') Reserva('비축') Special(특별한, 전문의) Selection(선발, 선택)
21)	와이너리	EL Principal
	의 미	EL Principal(① 기본적인, 본질적인 ② 우두머리, 보스, 왕초) 칠레의 스페인 식민기간 동안 그들을 도와준 인디언에서 유래
	산 지	Maipo Valley
	사 이 트	www.elprincipal.cl
	브 랜 드	EL Principal EL Memorias('기억, 회상, 추억')

22)	와이너리	Emiliana
	의　미	Emiliana(인명, 로마 6세기경 성녀)
	산　지	Casablanca, Maipo, Rapel
	사 이 트	www.emiliana.cl
	브 랜 드	Varietal('원료로 쓰인 포도의 품종을 표시한') Reserve('비축') Special(특별한, 전문의) Reserve('비축') Coyam(원어민어로 '참나무(나무결)') Novas(라틴어 '별') Adobe('햇볕에 말려 만든 벽돌' = 지하저장고 벽돌에서 유래) Emiliana(인명)
23)	와이너리	Errazuriz
	의　미	Errazuriz(인명, Don Maximiano Errazuriz)
	산　지	Aconcagua Valley
	사 이 트	www.errazuriz.cl
	브 랜 드	Don Maximiano(인명) Founder's(창설(설립)자) Reserve('비축') La Cumbre('꼭대기, 봉우리') Single('단일') Vineyard('포도원(밭)') Wild('자연 그대로') Ferment('발효시키다') Late('늦은') Harvest('수확') Organics('유기농법의') Estate(소유지) Panul('(식물) 미나리') Max((① 최대의, 최고의 ② 인명, Don Maximiano Errazuriz의 Max) 　　　Reserva('비축')

Errazuriz의 자회사

① Caliterra(Calidad(=Quality '최적의') + terra('토양'))
② Vinedo Chadwick(인명, Eduardo Chadwick)
③ Errazuriz(인명, Don Maximiano Errazuriz)
④ Sena(=Signature 즉, '문장'을 의미)
⑤ Arboleda('숲, 식림')

24)	와이너리	Estampa
	의 미	Estampa(‘① 판화 ② 풍채, 풍모, 외모’)
	산 지	Santiago
	사 이 트	www.estampa.com
	브 랜 드	Estampa Estate(소유지, 사유지) Blends(혼합) Reserve(‘비축’) Premium(특히 우수한, 고급의) Estacion(‘계절’) Varietal(‘원료로 쓰인 포도의 품종을 표시한’) Reserve(‘비축’)

25)	와이너리	Francisco de Aguirre
	의 미	Francisco de Aguirre(인명, Don Francisco de Aguirre)
	산 지	Limari Valley
	사 이 트	www.vinafranciscodeaguirre.cl
	브 랜 드	Donna(‘부인, 귀부인’) Josefina(인명) Amor(‘사랑’) Tierra(‘땅’) Arena(‘모래’) Sol(‘태양’) 365 Grosso(‘큰, 위대한’) Palo(① ‘곤봉, 통나무’ ② ‘돛대’) Alto(라틴어 altus(높다, 깊다)에서 유래)

26)	와이너리	Gracia
	의 미	Gracia(‘기품, 아름다운, 신에게서 얻은 것’)
	산 지	Rapel Valley
	사 이 트	www.gracia.cl
	브 랜 드	Varietal(‘원료로 쓰인 포도의 품종을 표시한’) Reserva(‘비축’) Vineyard's(‘포도원(밭)’) Selection(선발, 선택) Reserve(‘비축’) Reserva(‘비축’) Superior(뛰어난, 보다 나은) Reserva(‘비축’) Lo Mejor(‘더 좋은’) Caminante(‘① 나그네, 여행자 ② 마부 ③ 종달새와 아주 비슷한 새’) Celebrado(‘칭찬’) Reposado(‘조용한, 고요한’) Curioso(‘호기심이 있는, 열성적인’) Pasajero(‘일시적인, 사람 통행이 많은’) Callejero(‘걷기를 좋아하는’) Cercania(‘가까운 일, 가까움’)

27)	와이너리	Haras de Pirque
	의 미	Haras('종마장') de Pirque(지명)
	산 지	Maipo Valley
	사 이 트	www.harasdepirque.com
	브 랜 드	★이태리 안티노리(Antinori)사와 합작 Albis('새벽') Haras('종마장') Elegance('우아한') Haras('종마장') Character(성격, 특성, 평판, 명성) Haras('종마장') Equus('개선장군의 말')

28)	와이너리	J. Bouchon
	의 미	J. Bouchon(인명, 프랑스에서 이민 온 2세인 Julio Bouchon)
	산 지	Santiago
	사 이 트	www.jbouchon.cl
	브 랜 드	Assemblage('수집, 모임') – Premium(특히 우수한, 고급의) Reserva('비축') Especial(특별한, 독특한) Varietal('원료로 쓰인 포도의 품종을 표시한')

29)	와이너리	La Rosa
	의 미	La Rosa('장미(꽃)')
	산 지	Santiago
	사 이 트	www.larosa.cl
	브 랜 드	Don Reca(인명, Don Recaredo Ossa) Cornellana(Estate 이름) La Palma('야자') de Cocalan('코코야자 숲') La Palma('야자') Reserva('비축') La Capitana('① 가장 훌륭하고 큰 야자나무를 뜻함 ② 마령초, 여성대장')

30)	와이너리	Laura Hartwig
	의 미	Laura Hartwig(인명, 여성설립자 Laura Hartwig)
	산 지	Colchagua Valley
	사 이 트	www.laurahartwig.cl
	브 랜 드	Varietal('원료로 쓰인 포도의 품종을 표시한') Gran(큰, 위대한) Reserva('비축')

31)	와이너리	Los Vascos
	의 미	Los Vascos('스페인 바스크(Basque) 지방에서 이주한 사람'의 뜻)
	산 지	Colchagua Valley
	사 이 트	www.vinalosvascos.com
	브 랜 드	★Domaines Lafite Rothschild에서 투자 Los Vascos Grande('위대한') Reserve('비축') Las Huertas('비옥한 평야') Los Vascos Le Dix('열째의' = 라피트 로쉴드사가 칠레에 진출한지 10주년 기념) de 　　　 Los Vascos

32)	와이너리	Matetic
	의 미	Matetic(인명, The Matetic Family)
	산 지	San Antonio Valley
	사 이 트	www.mateticvineyards.com
	브 랜 드	E.Q(=Equilibrium '(마음의) 평정, 안정') Corralillo(지명) Organic('유기농법의') Certification('보증')

33)	와이너리	Miguel Torres
	의 미	Miguel Torres(인명)
	산 지	Curico
	사 이 트	www.migueltorres.cl
	브 랜 드	★스페인 Torres사에서 투자 Santa Digna(인명, 성녀 디냐 853년 순교) Cordillera('산계, 산맥') Manso('농가, 별장') de Velasco(인명) Don Miguel(인명, Miguel Torres) Maquehua('Vineyard 이름') Vendimia('포도 따기, 포도수확기') Tardia('시기적으로 늦은, 만생, 만숙한)

34)	와이너리	Montes
	의 미	Montes(인명, Aulerio Montes)
	산 지	Colchagua Valley
	사 이 트	www.monteswines.com
	브 랜 드	Montes Alpha(알파, 그리스말 알파벳의 제1자) M(Montes의 이니셜) Montes Folly('어리석음, 바보짓') Purple('보라(색)') Angel('천사') Montes Alpha('그리스말 알파벳의 제1자') Montes Limited(한정된) Selection(선발, 선택) Montes Classic(일류의, 고전의) Series(시리즈) Montes Late('늦은') Harvest('수확') Montes Cherub(① 케루빔(하느님을 섬기며 옥좌를 떠받치는 천사) ② (날개가 달리고 귀여운) 아기천사 그림)

35)	와이너리	Mont Gras
	의 미	Mont('산') Gras(인명, Hernan Gras)
	산 지	Colchagua Valley
	사 이 트	www.montgras.cl
	브 랜 드	Quatro('1/4') Reserva('비축') Varietal('원료로 쓰인 포도의 품종을 표시한') Soleus('넙치(가재미) 근육으로 Sole(신발 밑창, 넙치)에서 유래') De Gras Reserva('비축') De Gras Varietals('원료로 쓰인 포도의 품종을 표시한') Ninquen(원주민어로 '고지대 산, 언덕' 이란 뜻)

<table>
<tr><td rowspan="5">36)</td><td>와이너리</td><td>Odfjell</td></tr>
<tr><td>의 미</td><td>Odfjell(인명, Dan Odfjell)</td></tr>
<tr><td>산 지</td><td>Maipo Valley</td></tr>
<tr><td>사 이 트</td><td>www.odfjellvineyards.cl</td></tr>
<tr><td>브 랜 드</td><td>Aliara('뿔로 만든 술잔')
Orzada('(배의) 방향타, 풍상현')
Armador('선주')
Babor('(뱃머리 쪽을 향한) 좌현')
Rojo('붉은')</td></tr>
<tr><td rowspan="5">37)</td><td>와이너리</td><td>Porta</td></tr>
<tr><td>의 미</td><td>Porta(인명, 스페인 이민가족 The Gutierrez - Porta Family)</td></tr>
<tr><td>산 지</td><td>Cachapoal Valley</td></tr>
<tr><td>사 이 트</td><td>www.portawinery.cl</td></tr>
<tr><td>브 랜 드</td><td>Limited(한정된) Cima('꼭대기, 정상, 완성')
Grand(위대한) Reserve('비축')
Select(정선한) Reserve('비축')
Winemaker(포도주 제조자) Reserve('비축')
Reserve('비축')
Varietals('원료로 쓰인 포도의 품종을 표시한')</td></tr>
<tr><td rowspan="5">38)</td><td>와이너리</td><td>Portal del Alto</td></tr>
<tr><td>의 미</td><td>Portal('현관, 앞문') del Alto('높은')</td></tr>
<tr><td>산 지</td><td>Maipo Valley</td></tr>
<tr><td>사 이 트</td><td>www.portaldelalto.cl</td></tr>
<tr><td>브 랜 드</td><td>Alejandro('알렉산더 대왕')
Gran(큰, 위대한) Reserva('비축')
Reserva('비축')
Varietals('원료로 쓰인 포도의 품종을 표시한')</td></tr>
</table>

39)	와이너리	San Pedro
	의 미	San Pedro(라틴어로 Petrus '천국의 문을 지키는 이'라는 뜻으로 예수의 첫째 제자인 베드로 = 성자 이름(인명))
	산 지	Curico Valley
	사 이 트	www.sanpedro.cl
	브 랜 드	1865(설립연도) Castillo('성') de Molina(인명, Tirso de Molina) 35° South('남위') Gato('고양이') Negro('검은(색)') / Blanco('흰(색)') Amigo('친구') Late('늦은') Harvest('수확') Cabo('곶, 가장자리, 종말') de Hornos('화로, 화덕') (='야생적이며 미정복'이란 뜻의 Cape Horn에서 유래)
40)	와이너리	Santa Carolina
	의 미	Santa('성스러운') Carolina(영국 왕 Charles의 라틴어명의 여성형) = 성녀 이름(인명)
	산 지	Santiago
	사 이 트	www.santacarolina.com
	브 랜 드	VSC('Vina Santa Carolina의 이니셜') Reserva('비축') de Familia('가족') Barrica('나무통') Selection('선택, 선발') Late('늦은') Harvest('수확') Reserva('비축') Varietals('원료로 쓰인 포도의 품종을 표시한') Entry('입장, 입구') Level('평지, 평원, 높이, 고도')
41)	와이너리	Santa Ema
	의 미	Santa('성스러운') Ema(성녀 이름)
	산 지	Maipo, Rapel Valleys
	사 이 트	www.santaema.cl
	브 랜 드	Reserve('비축') Varietals('원료로 쓰인 포도의 품종을 표시한') Premium(특히 우수한, 고급의) – Catalina(① '(시계의) 큰 톱니바퀴' ② 인명)

42)	와이너리	Santa Helena
	의 미	Santa Helena(성녀 이름, 성녀 헬레나)
	산 지	Colchagua Valley
	사 이 트	www.santahelena.cl
	브 랜 드	Varietals('원료로 쓰인 포도의 품종을 표시한') Premium(특히 우수한, 고급의) Varietal(변종의, 품종의) 4 Estaciones('계절') Notas(① 표 ② 기호 ③ 메모, 필기) de Guarda('수호(신), 보초, 감시인') Vernus('비너스') DON(De Origen Noble의 이니셜)

43)	와이너리	Santa Rita
	의 미	Santa Rita(성녀 이름, 성녀 리타)
	산 지	Maipo Valley
	사 이 트	www.santarita.com
	브 랜 드	Casa('집') Real('왕') Triple('삼중주') C(CS + CF + Carmener) Floresta('숲, 꽃밭, 정원') Medalla('메달') Real('왕') (Gran) (큰, 위대한) Reserva('비축') Late('늦은') Harvest('수확') 120('칠레 독립전쟁 당시 와인 셀러에 숨어 위기를 넘긴 오히긴스 장군 과 장병 120명의 일화'에서 유래)

44)	와이너리	Segu
	의 미	Segu(인명, 스페인 이민자 Jaime & Antonio Segu Monso)
	산 지	Maule Valley
	사 이 트	www.segu.cl
	브 랜 드	Reserva('비축') de Los Fundadores('창설자') Reserva('비축') Varietales('원료로 쓰인 포도의 품종을 표시한') Caliboro(마뿌체어로 Huesos(① '뼈' ② '(복숭아 등의) 씨' ③ '골치 아픈 일' ④ '은밀한 후원자') Frescos(① '상쾌한' ② '신선한' ③ '새 로운'))

45)	와이너리	Tarapaca
	의　미	Tarapaca(지명)
	산　지	Maipo Valley
	사 이 트	www.tarapaca.cl
	브 랜 드	Zavala(인명, Antonio Zavala) Private(개인의, 비밀의) Reserve('비축') Gran(큰, 위대한) Reserve('비축') Reserve('비축') Terroir('토양, 기후 등 포도밭에 미치는 일체의 상호작용') Late('늦은') Harvest('수확') Varietal('원료로 쓰인 포도의 품종을 표시한')

46)	와이너리	Terranoble
	의　미	Terra('흙, 땅, 대지') + noble('고귀한')
	산　지	Maule Valley
	사 이 트	www.terranoble.cl
	브 랜 드	Terranoble Gran(큰, 위대한) Reserva('비축') Reserva('비축') Varietal('원료로 쓰인 포도의 품종을 표시한') Valle('계곡') Andino('안데스 산맥의')

47)	와이너리	Torca
	의　미	Torca('꺼진 땅, 함몰지, 동굴')
	산　지	Lontue Valley
	사 이 트	www.torca.cl
	브 랜 드	Varietal('원료로 쓰인 포도의 품종을 표시한')

48)	와이너리	Undurraga
	의 미	Undurraga(인명, Francisco Undurraga)
	산 지	Maipo, Colchagua Valley
	사 이 트	www.undurraga.cl
	브 랜 드	Aliwen Altazor('비센떼 우이도브로의 1931년 시의 제목') Founder's(창설자, 시조) Collection(수집(품)) Caramayola('물통') Varietal('원료로 쓰인 포도의 품종을 표시한') Lazo('맺음, 결합')
49)	와이너리	Valdivieso
	의 미	Valdivieso(인명, Don Alverto Valdivieso)
	산 지	Macul
	사 이 트	www.vinavaldivieso.cl
	브 랜 드	Caballo('말') Loco('미친') No.7 Eclat('화려함, 과시, 갈채') Single(단 하나의, 단일의) Vineyard(포도밭) Reserva('비축') Varietal('원료로 쓰인 포도의 품종을 표시한') Barrel('나무통') Selection('선발')
50)	와이너리	Ventisquero
	의 미	Ventisquero(인명)
	산 지	Casablanca, Rapel, Maipo Valley
	사 이 트	www.ventisquero.com
	브 랜 드	Ventisquero(인명) Yali('토종새') Yelcho(호수 이름) Pangea(그리스어의 Pangaia '모든 땅'의 뜻) Tantehue(Tante('아주머니') + hue(① 색조, 색상 ② 함성)) Root((식물의) 뿌리) : 1

<table>
<tr><td rowspan="5">51)</td><td>와이너리</td><td>Viu Manent</td></tr>
<tr><td>의 미</td><td>Viu Manent(인명, Agustin & Miguel Viu Manent)</td></tr>
<tr><td>산 지</td><td>Colchagua</td></tr>
<tr><td>사 이 트</td><td>www.viumanent.cl</td></tr>
<tr><td>브 랜 드</td><td>Viu(인명)
Single(단 하나의, 단일의) Vineyard(포도밭)
Reserva('비축')
Varietal('원료로 쓰인 포도의 품종을 표시한')
Late('늦은') Harvest('수확')
Secreto('비밀')</td></tr>
<tr><td rowspan="5">52)</td><td>와이너리</td><td>Willian Cole</td></tr>
<tr><td>의 미</td><td>Willian Cole(인명)</td></tr>
<tr><td>산 지</td><td>Casablanca Valley</td></tr>
<tr><td>사 이 트</td><td>www.williamcolevineyards.cl</td></tr>
<tr><td>브 랜 드</td><td>Grand(웅대한, 위대한) Reserve('비축')
Reserve('비축')
Varietal('원료로 쓰인 포도의 품종을 표시한')
Blends('혼합물')</td></tr>
<tr><td rowspan="5">53)</td><td>와이너리</td><td>Terra Mater</td></tr>
<tr><td>의 미</td><td>Terra('흙, 땅, 대지') Mater('(영속어)어머니')</td></tr>
<tr><td>산 지</td><td>Maipo, Curico</td></tr>
<tr><td>사 이 트</td><td>www.terramater.cl</td></tr>
<tr><td>브 랜 드</td><td>Paso('통로') del Sol('태양')
Varietals('원료로 쓰인 포도의 품종을 표시한')
Reserva('비축')
Altum(라틴어 '높은')
Unusual('보통이 아닌, 비범한')</td></tr>
</table>

54)	와이너리	Casas del Toqui
	의 미	Casas('집') del Toqui('군대 사령관')
	산 지	Central Valley
	사 이 트	www.casasdeltoqui.cl
	브 랜 드	★보르도 Chateau Larose Trintaudon에서 투자 Premium('특히 우수한, 고급의') – Leyenda Prestige('위신, 명성') Reserva('비축') Varietal('변종의, 품종의' = '원료로 쓰인 포도의 품종을 표시한')
55)	와이너리	Chateau Los Boldos
	의 미	Chateau('성') Los Boldos('볼도(칠레산 낙엽 관목)')
	산 지	Rapel Valley
	사 이 트	www.chateaulosboldos.com
	브 랜 드	Arkeo('만족한다') CLB(Chateau Los Boldos의 이니셜) Altitude('고도') Grand('위대한') Reserve('비축') Vieilles('노령의') Vignes('포도나무') Grand('위대한') Cru('포도원(밭)')
56)	와이너리	Leyda
	의 미	Leyda(계곡 이름)
	산 지	Santiago
	사 이 트	www.leyda.cl
	브 랜 드	Lot('① 제비(뽑기) ② 부지(토지의 한 구획)') 5/21 Single('단일의') Vineyard('포도밭(원)') Classic('고전의, 일류의') Reserve('비축')

57)	와이너리	De Martino
	의 미	De Martino(인명, 이탈리아 이민자 Pietro De Martino Pascualone)
	산 지	Maipo Valley
	사 이 트	www.demartino.cl
	브 랜 드	Gran('위대한') Familia('가족') Reserva('비축') De Familia('가족') Legado('① 사절 ② 유물') Reserva('비축') Legado(① 사절 ② 유물) Single('단일의') Vineyard('포도원(밭)') Late('늦은') Harvest('수확')

10. 아르헨티나 와인

아르헨티나 와인은 가우초('아버지 없는 고아나 사생아'를 뜻하는 '스페인 사람과 인디언의 혼혈' Guacho에서 유래) 언어와 스페인어, 기독교 용어 및 창립자(설립자, 소유주)의 이름 등을 알면 도움이 된다.

1)	와이너리	Achaval Ferrer
	의 미	Achaval(인명, 아르헨티나 출신의 Santiago Achaval) Ferrer(인명, 이탈리아 출신의 Manuel Ferrer)
	산 지	Mendoza
	사 이 트	www.achaval-ferrer.com
	브 랜 드	Terroir(토지, 지방, 산지) Finca('농장, 농원') Altamira('알타미라 동굴') Finca('농장, 농원') Bella('아름다운') Vista('시선') Finca('농장, 농원') Mirador('전망대, 망루') Varietal('변종의, 품종의' → 원료로 쓰인 포도의 품종을 표시한) Vino(포도주) de Corte('뒤뜰') - Quimera('키메라(사자머리, 양의 몸, 용의 꼬리로 불을 내뿜는 괴수')

2)	와이너리	Alta Vista
	의 미	Alta(=High '높은') Vista(=View '시선')
	산 지	Mendoza
	사 이 트	www.altavistawines.com
	브 랜 드	Alto('높은') Cosecha('수확(물), 추수') Grande(훌륭한, 위대한) Reserve('비축') Premium(특히 우수한, 고급의) Rose(장미(꽃)) Finca('농장, 농원') Monte('산') Lindo('예쁘다, 좋다')

3)	와이너리	Catena Zapata
	의 미	Catena(인명, Nicolas Catena) Zapata(인명, Angelica Zapata)
	산 지	Mendoza
	사 이 트	www.catenawines.com
	브 랜 드	Catena Zapata(인명) Estiba(① (포의) 당간 ② 양모 압축소 ③ 쌓는 법) Reservada('따로 아껴둔') Angelica Zapata(인명) D.V Catena(인명, Domingo V. Catena) Saint Felicien(인명, 성녀 이름) Alamos('포플라') Nicolas Catena Zapata(인명) Catena Alta('창, 탑') Argento('은')

4)	와이너리	Clos de Los Siete
	의 미	Clos((울타리를 둘러친) 포도밭) de Los Siete('7의') = 7인이 일군(울타리를 둘러친) 포도밭
	산 지	Mendoza
	사 이 트	www.closdelossiete.com
	브 랜 드	Clos de Los Siete

5)	와이너리	Codorniu Septima
	의 미	Codorniu(인명, The Codorniu Family) Septima('일곱 번째의')
	산 지	Mendoza
	사 이 트	www.bodegaseptima.com
	브 랜 드	Atardeceres('해질녘, 땅거미 질 무렵') en Bodega(술 창고, 선창, 주점) Septima('일곱 번째의')

6)	와이너리	Crotta
	의 미	Crotta(인명, Don Jose Eduardo Crotta)
	산 지	Mendoza
	사 이 트	www.crotta.com.ar
	브 랜 드	Bodegas(술 창고, 선창, 주점) Crotta(인명) Demijohns('(채롱으로 싼) 아가리가 작은 큰 유리병') Santa Guillermina(인명, 성자 이름) Generous('많은, 풍부한, (돈 따위를) 아끼지 않는') Tetra('남미 원산의 작고 빛나는 열대담수어') + brik('19세기 구미에서 사용한 중형 범선')

7)	와이너리	Del Fin Del Mundo ·
	의 미	Del Fin('① 결말 ② 목적') Del Mundo('세계')
	산 지	Mendoza
	사 이 트	www.bodegadelfindelmundo.com
	브 랜 드	Ventus(라틴어로 '바람') Postales('엽서') del Fin Del Mundo Newen('우주의 에너지') Reserva('비축') Special(특별한, 전문의) Blend(혼합)

8)	와이너리	Domain Jean Bousquet
	의 미	Domain('영지') Jean Bousquet(인명)
	산 지	Mendoza
	사 이 트	www.jeanbousquet.com.ar
	브 랜 드	Varietal('변종의, 품종의' → 원료로 쓰인 포도의 품종을 표시한)

9)	와이너리	Domain Del Plata
	의 미	Domain('영지') Del Plata('은')
	산 지	Mendoza
	사 이 트	www.dominiodelplata.com.ar
	브 랜 드	Ben Marco(인명, Pedro Marchevsky의 Surname) Susana Balbo(인명, Pedro Marchevsky의 wife) Budini(=Souffle '부풀다') Crios('자손, 자식') de Susana Balbo Crios('자손, 자식')

10)	와이너리	Don Cristobal 1492
	의 미	Don Cristobal(인명, 'Criste = 그리스도'의 어원의 콜럼버스) 1492(에스파냐 이사벨의 후원으로 제1회 항해 출범년도)
	산 지	Mendoza
	사 이 트	www.doncristobal.com.ar
	브 랜 드	1492(산타마리아호를 타고 제1회 항해 출범 년도) Finca('농장, 농원') La Nina('아시리아, 바빌로니아 신화에 나오는 물의 여신') Cristobal 1492 Oak(오크(떡갈나무)) Reserve('비축')
11)	와이너리	Finca Sophenia
	의 미	Finca('농장, 농원') Sophenia(인명, Roberto Luka의 딸들의 이름 Sophia & Eugenia)
	산 지	Mendoza
	사 이 트	www.sophenia.com.ar
	브 랜 드	Sophenia(인명) Synthesis(종합, 합성) Finca('농장, 농원') Sophenia Alto('높은') + sur('남쪽, 남부')
12)	와이너리	Jacques & Francois Lurton
	의 미	보르도 지방의 거장 앙드레 뤼통(Andre Lurton)의 두 아들 자크(Jacques)와 프랑수아(Francois)
	산 지	Mendoza
	사 이 트	www.jflurton.com
	브 랜 드	Chacayes Tierra('땅') del Fuego('불') = 스페인에서 마젤란이 이 해협에 도착했을 때 섬의 원주민들이 의식을 치르느라 밤새 불을 피워댔던 데서 유래

13)	와이너리	Kaiken
	의 미	Kaiken('야생오리')
	산 지	Mendoza
	사 이 트	www.kaikenwines.com
	브 랜 드	★칠레 Montes사의 기술 Kaiken Reserva('비축') Kaiken Ultra('과격한, ~초 극도로')

14)	와이너리	La Rural
	의 미	La Rural('시골의, 전원의 시골티 나는')
	산 지	Mendoza
	사 이 트	www.larural.com
	브 랜 드	Familia('가족') Rutini(인명, Don Francisco Rutini) Vinos('포도주') de La Linea(=line '선') San Felipe(인명, Felipe Rutini) Vinos('포도주') de Exportacion('수출') Trumpeter('(군대의) 나팔수') Tupungato(지명) Felipe Rutini(인명)

15)	와이너리	Nieto Senetiner
	의 미	Nieto('자손') Senetiner(인명, Nieto Senetiner)
	산 지	Mendoza
	사 이 트	www.nietosenetiner.com
	브 랜 드	Don Nicanor(인명) Reserve('비축')

16)	와이너리	Noemia de Patagonia
	의 미	Noemia(인명, Noemia Marone Cinzano 공작부인) de Patagonia('(남미의, 남부지방의) 빠따고니아 사람')
	산 지	Rio Negro
	사 이 트	www.bodeganoemia.com
	브 랜 드	Bodega(술 창고, 선창, 주점) Noemia J. Alberto(인명, Albert '고귀한, 빛나는'의 뜻) A Lisa(인명)

17)	와이너리	Norton
	의 미	Norton(인명, Sir Edmund James Palmer Norton)
	산 지	Mendoza
	사 이 트	www.norton.com.ar
	브 랜 드	Privada('개인적인, 사적인, 주정뱅이') Classico(고전의, 고전적인) Reserva('비축') Barrel((중배가 불룩한) 통) Select(극상품, 고른) Young('어린') Varietals('변종의, 품종의')

18)	와이너리	Pascual Toso
	의 미	Pascual Toso(인명, 이탈리아 이민자 Pascual Toso)
	산 지	Mendoza
	사 이 트	www.bodegastoso.com.ar
	브 랜 드	Varietal('변종의, 품종의') Reserve('비축')

19)	와이너리	San Pedro
	의 미	San('성스러움') Pedro(인명, 베드로(예수의 첫째 제자))
	산 지	Yacochuya
	사 이 트	www.sanpedrodeyacochuya.com.ar
	브 랜 드	★칠레의 San Pedro사에서 투자 Yacochuya(The Quechua 언어로 '맑은 물'이라는 강 이름) San Pedro de Yacochuya

20)	와이너리	Santa Ana
	의 미	Santa('성스러운') Ana(인명 = antifona 「카톨릭」 교송, 응답송가)
	산 지	Mendoza
	사 이 트	www.bodegas-santa-ana.com.ar
	브 랜 드	Finca('농장, 농원') Flichman(인명, The Flichman Family) Paisaje('풍경') de Tupungato(지명) Paisaje('풍경') de Barrancas('협곡') Dedicado('dedicato 헌납한, 헌정한') Reserva('비축') Varietal('변종의, 품종의') Misterio('신비, 비밀') Claire & Jubile(인명) Caballero('말을 탄, 기사, 신사') de La Cepa(① (식물, 특히 포도의) 그루터기, 한그루 ② 선조, 조상, 가문) Aberdeen – Angus : (원산지는 영국 스코틀랜드의 북동부 지역인 애버딘 앵거스주 산의 뿔 없는 검은 소)

21)	와이너리	Terrazas del Los Andes
	의 미	Terrazas('테라스') del Los Andes('안데스 산맥')
	산 지	Mendoza
	사 이 트	www.terrazasdelosandes.com.ar
	브 랜 드	★프랑스 모엣 & 샹동(Moet & Chandon)의 계열사 Afincado('농장주') Terrazas del Los Andes Terrazas del Los Andes Reserva('비축')

22)	와이너리	Trapiche
	의 미	Trapiche(' ① (사탕수수, 올리브의) 압착기 ② 제당공장')
	산 지	Mendoza
	사 이 트	www.trapiche.com.ar
	브 랜 드	Iscay(잉카어로 '둘' Mal : Mer = 50 : 50) Single(단 하나의, 단일의) Vineyards(포도밭) Medalla(' 메달') Broquel(' 왕족이나 귀족 가문을 수호하는 방패나 칼 등을 의미') Oak(오크(떡갈나무)) Cask((포도주 등의) 큰 통) Varietals(' 변종의, 품종의') Astica(원주민어로 '꽃') Falling Star(' 유성') Septiembre(' 9월')
23)	와이너리	Trivento
	의 미	Tri(' 3') + Vento(' 바람') (=Polar(Cold Wind), Zonda(Hot Wind), Sudestada(Fresh Wind))
	산 지	Mendoza
	사 이 트	www.trivento.com
	브 랜 드	Golden(금빛의, 귀중한) Reserve(' 비축') Coleccion(' 수집(품)') Roble(' 떡갈나무') Tribu(' 종족, 부족') Dulce(' 달콤한') Reservado(' 따로 아껴둔')
24)	와이너리	Valentin Bianchi
	의 미	Valentin Bianchi(인명, Don Valentin Bianchi)
	산 지	Mendoza, San Rafael
	사 이 트	www.vbianchi.com
	브 랜 드	Particular(' 특별한') Famiglia(' 가족') Bianchi Genesis(' 시작, 기원, 발생') D.O.C(' 이탈리아 와인 등급의 하나')

25)	와이너리	Weinert
	의　미	Weinert(인명, Bernardo C. Weinert)
	산　지	Mendoza
	사 이 트	www.bodegaweinert.com
	브 랜 드	Carrascal Weinert(인명, Bernardo Carrascal Weinert) Weinert Varietal('변종의, 품종의') Cavas('(땅을) 일구기') de Weinert White('흰(색)') Carrascal

Austrailia

New South Wales			
1	Canberra District
2	Cowra
3	Gundagai
4	Hastings River
5	Hilltops
6	Hunter
7	Mudgee
8	Orange
9	Pericoota
10	Riverina
11	Shoalhaven Coast
12	Shouthern Highlands
13	Tumbarumba

Queensland

14 Granite Belt
15 South Brnett

South Australia

16 Adelaide Hills
17 Adelaide Plains
18 Barossa Valley
19 Clare Valley
20 Coonawarra
21 Currency Creek
22 Eden Valley
23 Kangraroo Island
24 Langhorne Creek
25 McLaren Vale
26 Mount Benson
27 Padthaway
28 Riverland
29 Southern Fleurieu
30 Wrattonbully

Victoia

31 Apline Valley
32 Beechworth
33 Bendigo
34 Central Victorian Mountain Country
35 Geelong
36 Goulburn Valley
37 Grampians
38 Heathcote
39 Henty
40 King Valley
41 Macedon Ranges
42 Morington Peninsula
43 Murray Darling
44 Pyrenees
45 Rutherglen
46 Ranges
47 Sunbury
48 Swan Hill
49 Yarra Valley

Tasmania

50 Tasmania

Western Australia

51 Blackwood Valley
52 Geograhe
53 Great Southern
54 Manjimup
55 Margaret River
56 Peel
57 Pemberton
58 Perth Hills
59 Swan District

II. 오스트레일리아 와인

　오스트레일리아는 고대 그리스인이나 로마인이 막연히 인도의 남쪽에 있다고 믿었던 미지의 대륙 테라 아우스트랄리스 인코그니타의 이름을 따서 붙여졌다. 라틴어의 Terra(대륙), Australis(남쪽), Incognita(미지)가 더해져 '알려지지 않은 남쪽 대륙' 의 뜻이 되었다. 1801년에 지도를 제작하던 영국인 매튜 플린더스가 이 이름을 영국 해군성에 제안했다.

　1509년 18세의 나이에 왕위에 오른 영국의 왕 '헨리 8세' 는 정치적인 이유로 죽은 그의 형의 아내였던 '캐서린' (에스파냐의 공주)과 첫 번째 결혼을 한다. 사랑 없는 결혼으로 딸 '메리' 만을 남기고 시녀였던 '앤불린' 과 사랑에 빠진다. 헨리 8세는 왕자를 낳지 못했다는 이유로 '캐서린' 과의 이혼을 로마 교황에게 신청하지만, 강대국 에스파냐 왕의 압력 등으로 로마 교황은 이혼 신청을 거절한다. 독실한 가톨릭 교도였던 헨리 8세는 캐서린과 이혼을 선언하고, 1533년 교황 몰래 앤불린과 두 번째 결혼을 하자 교황으로부터 파문을 당한다. 따라서 헨리 8세는 로마 가톨릭과 손을 끊고 스스로 교회의 지도자가 되는 영국 교회 성공회를 세운다. 자신의 사랑을 위해 천년 넘게 믿어온 가톨릭을 하루아침에 버리고 군대를 동원하여 교회와 수도원을 파괴하는 등 성공회로 전환하지 않는 자들을 무자비하게 사형에 처했다.

　하지만 앤불린 역시 딸 엘리자베스를 낳자 헨리 8세는 앤불린 왕비를 사형시키고, 며칠 뒤 세 번째 왕비 제인 시모어와 결혼한다. 제인 시모어 왕비는 기다리던 왕자 에드워드를 낳고 며칠 후 세상을 떠났다. 헨리 8세는 도이칠란트와의 친선관계를 위해 앤 공주를 네 번째 아내로 맞이하지만 이혼, 다섯 번째 캐서린 하워드를 왕비로 맞이한다. 하지만 품행이 단정치 못하다는 이유로 또다시 사형에 처하고, 여섯 번째 캐서린 파와 결혼, 1547년 세상을 떠날 때까지 가톨릭 교도를 탄압했다.

1547년 헨리 8세가 세상을 떠나고 어린 나이로 왕위에 오른 에드워드가 6년만에 병으로 세상을 떠나자 왕위는 1553년 헨리 8세의 맏딸 메리에게 돌아간다. 철저한 가톨릭 신자인 에스파냐 왕의 딸 캐서린의 딸로 억울하게 이혼당한 어머니의 운명을 함께 겪은 메리 여왕은 성공회에 대한 보복으로 또다시 국교였던 성공회를 금지하고 가톨릭으로 전환, 영국을 큰 혼란에 빠뜨리고 만다. 수만 명의 성공회 신교도가 화형당하는 등 1555년부터 메리 여왕이 죽은 1558년까지 3년 동안 성공회, 청교도에 대한 무자비한 탄압이 계속된다. 1558년 피에 굶주린 듯 무자비했던 메리 여왕은 정신 착란증 증세를 보이다 병으로 세상을 떠난다. 메리의 뒤를 이은 엘리자베스 1세 여왕은 헨리 8세와 국교까지 가톨릭에서 성공회로 바꾼 사랑의 여인 앤불린 사이에서 태어났으니 당연히 독실한 성공회 교도였으므로, 또다시 가톨릭은 물론 청교도도 금지하고 오로지 성공회만을 믿음으로 인정하여 메리 여왕 못지않게 수많은 가톨릭 교도와 청교도를 탄압, 사형장과 화형장을 끊임없이 되풀이하였다.

가톨릭에서 성공회로, 성공회에서 가톨릭으로 또다시 가톨릭에서 성공회로의 국교의 변경으로 인해 청교도를 믿는 사람들이 너도나도 탄압을 피해 새로운 땅으로 이주, 정착하기 시작한 것이 지금의 신대륙의 시작이다.

그 후 1770년에 제임스 쿡 선장이 이끄는 영국 해군은 호주의 동해안을 발견하고 보타니 베이에 도착해서 이 땅을 영국령으로 선포하고, 뉴 사우스 웨일즈(New South Wales = 쿡 선장의 고향인 South Wales와 매우 흡

사하다고 해서 이름 붙임)라 명명한다.

영국은 산업혁명 이후 노동자와 도시 빈민들의 증가, 사회불안과 범죄의 증가로 죄수들의 처리문제가 대두되었다. 1776년 미국독립 이후 영국은 더 이상 죄수들을 북미로 수송할 수 없게 되었다. 영국의 산업혁명 이후에 노동자와 도시 빈민의 증가로 사회불안이 야기되고 범죄가 늘어 영국 내의 감옥들이 부족한 상황을 극복하기 위한 대안으로, 죄수들을 유배할 새로운 식민지와 미국의 독립으로 인해 식민 영토 상실로 새로운 식민지 개척의 필요성을 느끼게 되었다.

1779년 죠셉 뱅크스는 뉴 사우스 웨일즈를 죄수들의 훌륭한 유배지로 제안하였고, 영국 정부는 1787년 5월 아서 필립 선장이 이끄는 해군함 11척을 오늘날의 시드니의 보타니 베이를 향해 출항시켰다. 11척의 해군함에는 4년 동안의 생필품으로 충분한 살아있는 가축, 소모품과 죄수를 포함해서 총 1,487명의 인원이 출발했으나, 항해 중 사망한 사람들을 제외한 죄수 736명을 포함해서 총 1,030명이 1788년 1월 26일에 포트 잭슨의 입구에 도착했다.

유배된 범죄자들 가운데는 아주 가벼운 경범죄로 고향에 돌아갈 수 있는 희망이 없이 힘든 노역과 난폭한 군인 간수들에 의해서 호주는 지옥의 감옥이 되었다고 한다. 정착자들은 농업이 개발되기까지는 유럽에서 오는 생필품에 의존했으므로 초기 16년 정도는 아주 어려운 생활을 했다. 2차 함대는 1790년에 또 다른 기결수들과 약간의 소모품을 싣고 도착하였으며, 일년 후 3차 함대의 도착 후의 인구는 약 4,000여 명 가량으로 증가하였다.

따라서 오랫동안 영국의 영향을 받은 오스트레일리아는 주 이름을 비롯해서 도시 이름과 자연 지명에 이르기까지 대부분의 주요 지명이 영국의 왕실과 귀족, 혹은 식민지 시대의 총독 계급, 탐험 및 항해가 등의 특정 인물을 기념한 지명들이다. 뒤에 나오는 뉴질랜드 또한 뉴 사우스 웨일즈(오스트레일리아)의 식민지로서 같은 영향을 받게 된다.

① Canberra District : Canberra('회합의 장', '사람이 모이는 곳' 이란 의미)

② Cowra : Cowra(원주민 말로 '바위 위에 있는 독수리' 란 뜻)

③ Gundagai : Gundagai(원주민 말로 'Upstream' (강을 거슬러 올라가서)란 뜻)

④ Hastings River : Hastings(영국 잉글랜드 남동부 영국해협에 면한 해안 휴
　　　　　　양도시의 이름에서 유래)

⑤ Hilltops : '언덕(작은 산) 꼭대기' 란 의미

⑥ Hunter Valley : 총독이었던 존 헌터(John Hunter)의 이름에서 유래

⑦ Mudgee : 원주민 말로 '언덕의 둥지' 라는 뜻

⑧ Orange : 영국 왕 윌리엄 3세가 된 오렌지 공 윌리엄의 이름에서 유래

⑨ Pericoota

⑩ Riverina : River('강') + ina('여성형 명사를 만드는 접미사')

⑪ Shoalhaven Coast : '얕은 항구 해안' 의 뜻

⑫ Shouthern Highlands : '방언을 외치는 고지대' 의 뜻으로 스코틀랜드 고지
　　　　　　지방의 이름에서 유래

⑬ Tumbarumba

① Granite Belt : '화강암 지대' 의 뜻

② South Brnett

① Adelaide Hills : 1836년 개발 당시 왕비였던 윌리엄 4세 영국 왕비의 이름에
  서 유래

② Adelaide Plains

③ Barossa Valley :

  Barossa 'ⓐ 진흙, 수렁 흙탕의, ⓑ 갈색을 띤 오렌지 빛깔의' 의 뜻으로 나폴레

  옹과의 Peninsula Wars 당시 스페인의 지명을 기념하고자 이름 붙여짐

④ Clare Valley : 잉글랜드 헬프스턴 출생의 John Clare의 이름에서 유래

⑤ Coonawarra : 원주민 말로 '인동 덩쿨' 이란 의미

⑥ Currency Creek : Currency('유통, 유포') + Creek('작은 만')

⑦ Eden Valley : '에덴동산', '낙원' 의 뜻

⑧ Kangaroo Island : '캥거루 섬'

⑨ Langhorne Creek : 톰 소여의 모험의 저자 마크 트웨인(Mark Tawin 본명
  Samuel Langhorne Clemens)의 가문 이름에서 유래

⑩ McLaren Vale : 스코틀랜드 Laren의 아들인 McLaren의 이름에서 유래

⑪ Mount Benson : 스코틀랜드 Ben의 아들 Benson의 이름에서 유래

⑫ Padthaway : 원주민 말로, 'Good Water', '좋은 물' 의 뜻

⑬ Riverland : River('강') + Land('땅, 토지')

⑭ Southern Fleurieu : Fleur '꽃' 에서 유래된 지명

⑮ Wrattonbully : 인명에서 유래된 지명

① Apline Valley : Apline('알프스, 높은 산')을 의미

② Beechworth : Beech('너도밤나무')에서 유래

③ Bendigo : 초기의 개척자가 동반한 영국 권투선수의 별명 벤디고에서 유래

④ Central Victorian : Central('중앙의') + Victorian('빅토리아 여왕의')

  Mountain Country : Mountain('산') + Country('지역')

⑤ Geelong : 원주민들에 의해 Jillong('하얀 절벽 위의 갈매기가 있는 곳'이란 뜻)이라고 불리다가 Geelong으로 변함

⑥ Goulburn Valley : 초기 식민지 개발에 공헌한 H. 골번의 이름에서 유래

⑦ Grampians : 1836년에 이 일대 산지를 탐험한 토머스 L. 미첼(Thomas. L. Mitchell) 소령이 스코틀랜드에 있는 한 산맥의 이름을 따서 지음

⑧ Heathcote : Heath(그리스어 erica, ereike(깨뜨리다))의 의미의 진달래과 에리카속의 총칭) + Cote('언덕')

⑨ Henty : 영국의 Henty Family의 이름을 따서 붙임

⑩ King Valley : 킹 총독의 이름에서 유래

⑪ Macedon Ranges :

  ⓐ Macedon(마케도니아 왕조의 대제) ⓑ MacDonnell(사우스 오스트레일리아주 총독 리처드 맥도널(Richard MacDonnell)의 이름을 따서 지음

⑫ Morington Peninsula : 영국 총독인 Lord Morington 경의 이름에서 유래

⑬ Murray Darling : Murray('뮤레이 강' 이름에서 유래)

  Darling(총독인 랄프 달링(General Ralph Darling) 장군)

⑭ Pyrenees : '산', 바스크어의 Pyren(산)에서 유래. 그리스 신화에 따르면 피레네는 헤라클레스의 사랑을 받은 처녀로, 이 산에 매장되었다고 한다.

⑮ Rutherglen : Ruther(인명) + glen(스코틀랜드, 아일랜드의 '산골짜기, 계곡, 협곡')의 뜻

⑯ Ranges : '산맥'의 의미

⑰ Sunbury : 영국 잉글랜드 그레이터 맨체스티주에 언덕있는 도시의 이름에서
　　　　　　따옴

⑱ Swan Hill : Captain Swan의 이름에서 유래

⑲ Yarra Valley : 강 주변에 살던 호주의 옛 토착인들이 야라야라(Yarra Yarra)라
　　　　　　　불리우는데서 시작한 강 이름으로 ‘언제나 흐르고 있는’ 의 뜻

① Tasmania : 1642년에 항해가 ‘아벨 타스만’ 이 도착한 것을 기념
　　Hobat : 당시의 식민지 대신이었던 ‘로버트 호바트’ 를 기념

① Blackwood Valley : Black(‘검은 색’) + Wood(‘숲’)

② Geograhe : 인명에서 유래된 지명

③ Great Southern : Great(‘위대한’) + Southern(‘남쪽’)

④ Manjimup

⑤ Margaret River : Margaret 그리스어의 ‘진주’ 에서 파생한 영국 여왕의 이름

⑥ Peel : 1822년 이후 8년간 내무장관을 지낸 Peel Robert를 기념

⑦ Pemberton : 색슨족의 일족이 개간지 주위에 턴(ton : 울타리)을 설치하고 햄
　　　　　　　(ham : 마을)을 만들어 살던 지역에서 유래한 이름

⑧ Perth Hills : 1829년 영국 식민지 대신이었던 조지 마레의 출신지(‘스코틀랜
　　　　　　드 퍼스’)의 이름을 땀

⑨ Swan District : Captain Swan의 이름에서 유래

① Darwin : 진화론에 관한 책(종의 기원)으로 유명한 영국의 생물학자. '찰스 다윈' 에서 유래

② Brisbane : 뉴사우스 웨일스 식민지 총독인 '토머스 브리즈번' 을 기념

③ Sydney : 1788년 영국의 식민지 대신 '토머스 타운젠트 시드니' 를 기념

④ Melbourne : 당시 총리였던 멜버른을 기념

⑤ Gibson : 신장 1m 20cm의 난쟁이로 영국의 궁정화가였던 Richard Gibson

⑥ Buring Mt : Buring('불타는') + Mt('산')

⑦ Blue Mt : 호주의 그랜드 캐년으로 이산을 뒤덮고 있는 유칼립스 나뭇잎에서 증발하는 유액이 뜨거운 태양열을 받으면 푸른안개를 발생시키는 현상에서 붙여진 이름

참고

- 스코틀랜드계의 '~의 아들' 이란 의미의 이름
  Mc, Mac이 붙으면 Mc Donald 즉, '도널드의 아들'
- 앵글로색슨계의 '~의 아들' 이란 의미의 이름
  Son이 붙으면 Johnson 즉, '존의 아들'
- 소유를 의미하는 –s만으로 '~의 아들' 이란 의미의 이름
  Williams '윌리엄의 아들'

오스트레일리아 와인은 영어와 아보리진('최초부터, 근원부터'의 뜻인 aborigine에서 유래)의 언어, 대기업형의 생산자와 가족경영에 의한 생산자를 알면 도움이 된다.

1)	와이너리	Bannockburn
	의 미	Bannockburn(지명)
	산 지	Geelong
	사 이 트	www.bannockburnvineyards.com
	브 랜 드	SRH Varietal('변종의, 품종의') Serre('폐쇄된 공간')

2)	와이너리	Banrock Station
	의 미	Ban('금지') + rock('바위') Station(목장, 농장)
	산 지	Murry
	사 이 트	www.banrockstation.com
	브 랜 드	Varietal('변종의, 품종의') Reserve('비축')

3)	와이너리	Beelgara
	의 미	Beelgara(지명)
	산 지	Riverina
	사 이 트	www.beelgaraestate.com.au
	브 랜 드	Sun('태양') Dried('말린') Regional('지역의') Reserve('비축') Winemakers(포도주 제조자) Selection(선발, 선택) Rascals('악당, 건달') Prayer('기도, 기원') Estate(소유지)

4)		와이너리	Bleasdale Wine
		의 미	Bleasdale(인명, 설립자 Frank Potts의 친구로 와인을 시작할 수 있게 도와준 Bleasdale)
		산 지	Langhorne Creek
		사 이 트	www.bleasdale.com.au
		브 랜 드	Frank Potts(인명) Generations('세대') Mulberry Tree('뽕나무') Bremer(강 이름) + view(시선, 시각, 경치) Varietal('변종의, 품종의') Late('늦은') Picked('딴') Petrel(베드로(St. Peter)와 같이 바다 위를 걷는 것처럼 보인다는 데서 바다제비 속) Reserve('비축')
5)		와이너리	Brokenwood
		의 미	Broken('부서진') + wood('숲, 삼림')
		산 지	Hunter Valley
		사 이 트	www.brokenwood.com.au
		브 랜 드	Single(단 하나의, 단일의) Vineyard(포도밭) Graveyard('묘지') Vineyard Forest('숲') Edge('가장자리') Vineyard Indigo('인디고, 남색, 쪽빛') Vineyard Mt('산') Panorama('주마, 전경') Vineyard Umpire's('판정자, 심판(원)') Vineyard Mistress('여주인') Block(블록, 구획) Wade('여울') Block 2 Vineyard Varietal('변종의, 품종의') Hunter Valley(지명) Harlequin('어릿광대') Cricket('귀뚜라미') Pitch(① 던지기 ② 음의 고저)
6)		와이너리	Brown Brothers
		의 미	Brown Brothers(인명, John Francis Brown Family)
		산 지	Milawa 〉Victoria
		사 이 트	www.brown-brothers.com.au
		브 랜 드	Patricia(인명, 설립자의 며느리) Varietal('변종의, 품종의')

7)	와이너리	Castagna
	의 미	Castagna('밤, 도토리')
	산 지	Beechworth 〉 Northeast Victoria
	사 이 트	www.castagna.com.au
	브 랜 드	Genesis('기원, 발생, 창세기') Allegro('음악 용어로 빠른(빠르게)') Ingenue('천진난만(순진)한 소녀') Sauvage('야생적인')

8)	와이너리	Ceravolo
	의 미	Ceravolo(인명, Joe & Heather Ceravolo)
	산 지	Adelaide Hills
	사 이 트	www.ceravolo.com.au
	브 랜 드	Varietal('변종의, 품종의')

9)	와이너리	Cheviot Bridge
	의 미	Cheviot(영국 중앙부, 잉글랜드와 스코틀랜드의 경계에 있는 구릉지대) Bridge('다리')
	산 지	Victoria
	사 이 트	www.cheviotbridge.com.au
	브 랜 드	Cheviot Bridge Yea Valley(지명) Cheviot Bridge CB(Cheviot Bridge의 이니셜) Long('긴') Flat('마루, 집') Long Flat Destinations('목적지, 행선지') Braided('꼰, 땋은') River('강') Thirsty('목마른') Lizard('도마뱀') La Vie('생명') Kissing('키스하는, 키스하기 위한') Bridge('다리') Australia Terrace('대지') Vale('골짜기')

10)	와 이 너 리	Clarendon Hills
	의 미	Clarendon Hills(지명)
	산 지	Adelaide
	사 이 트	www.clarendonhills.com.au
	브 랜 드	Astralis(남반구대륙 Terra Astralis에서 유래) Vineyard(포도밭) Morite(인명) Vineyard Piggott(인명) Brookman(인명) Vineyard Hickinbotham(인명) Vineyard Blewitt(인명) Springs Vineyard Kangarilla(지명) Vineyard Sandown(지명) Vineyard Romas(인명, 설립자 Roman Bratasiuk)
11)	와 이 너 리	Coldstream Hills
	의 미	Cold('차가운') + Stream('시내, 개울') Hills('언덕') = 스코틀랜드의 지명
	산 지	Victoria
	사 이 트	www.coldstreamhills.com.au
	브 랜 드	Reserve('비축') Varietal('변종의, 품종의')
12)	와 이 너 리	Cullen
	의 미	Cullen(인명, Diana & Kevin Cullen)
	산 지	Margaret River
	사 이 트	www.cullenwines.com.au
	브 랜 드	Mangan(인명, Bettina Mangan) Ellen Bussell(인명) Diana Madeline(인명, '달의 여신이며 처녀성과 수렵의 수호신인 Diana에서 유래된 Dr. Kevin Cullen의 아내 Diana)

13)	와이너리	D'Arenberg
	의　미	D'Arenberg(인명, Francis d'Arenberg)
	산　지	McLaren Vale
	사 이 트	www.darenberg.com.au
	브 랜 드	The Stump('그루터기, 땅딸보, 도전') Jump('도약') The Lucky('운수 좋은') Lizard('도마뱀') The Feral('야생의') Fox('여우') The Broken('부서진') Fishplate('(레일의) 이음매판') The Olive('올리브') Grove('작은 숲') The Hermit('은둔자') Gab('게') The Money('돈') Spider('거미') The Last('마지막') Ditch('수로, 도랑') The Peppermint('박하') Paddock('작은 목장') The High('높은') Trellis('격자, 울타리') The Custodian('관리인, 보호자') The Twentyeight('28') Road('길') The Laughing('웃는') Magpie('까치, 수다쟁이') The Galvo Garage('(자동차) 차고') The Love('사랑') Grass('풀밭, 목장') The Sticks('막대기') & Stones('돌멩이') The Bonsai('분재') Vine(포도나무) The Ironstone('철광석') Pressing('압착물') The Dead('죽은, 생명이 없는') Arm('팔') The Othe('안식(축제)일에 유대교회에서 일과로서 낭독되는 율법의 　　　　 일부') Side(쪽, 옆, 면) The Derelict(① 무책임한, 노숙자, 낙오자 ② (바다나 하천의 수위 　　　　 저하로 인해 생긴) 새로운 땅)
14)	와이너리	De Bortoli
	의　미	De Bortoli(인명, Darren De Bortoli)
	산　지	Yarra Valley
	사 이 트	www.debortoli.com.au
	브 랜 드	Noble('고귀한') One('하나') Deen Vat('큰 통') Family('가족') Reserve('비축') Gulf('만, 심해') Station(목장, 농장) Hunter Valley(지명) Sacred('겁을 집어먹은') Hill('언덕')

15)	와이너리	Di Giorgio Wine Family
	의　미	Di Giorgio(인명, Stefano Di Giorgio)
	산　지	Coonawarra
	사 이 트	www.digiorgio.com.au
	브 랜 드	Sterita Coonawarra(지명) Lucindale(인명에서 유래된 지명) Museum('박물관')

16)	와이너리	Domaine Chandon Green Point Wine
	의　미	Domaine('영지') Chandon(인명, LVMH 루이뷔통 가방으로 유명한 그룹 – 루이뷔통 모에 헤네시의 약자) Louis Vuitton(인명) + Moet(인명, Claude Moet) et Chandon(인명, Pierre Gabriel Chandon de Brialilles) + Hennessy(인명, Richard Hennessy)
	산　지	Yarra Valley
	사 이 트	www.domainechandon.com.au
	브 랜 드	Varietal('변종의, 품종의') Victoria(지명) Reserve('비축')

17)	와이너리	Elderton
	의　미	Elderton(인명, Samuel Elderton Tolley)
	산　지	Barossa
	사 이 트	www.eldertonwines.com.au
	브 랜 드	Friends('친구') Estate(사유지, 소유지) Elite('엘리트, 선택된 사람들') Tantalus(탄탈루스(Zeus의 아들 : 신들의 비밀을 누설한 벌로 지옥의 물에 턱까지 잠겨 목이 말라 물을 마시려 하면 물이 빠졌다 함)

18)	와이너리	Evans & Tate
	의 미	Evans & Tate(인명, Tate Generations & John Evans
	산 지	Margaret River
	사 이 트	www.evansandtate.com.au
	브 랜 드	Reserve('비축') Red('붉은(색)') + brook('시내, 개천') Single(단 하나의) Vineyard(포도밭) Wild('야생의') + berry('베리'('딸기류의 열매)) Springs Estate Stellar('별의, 별 모양의') Ridge('산등성이') Vineyard

19)	와이너리	Fox Creek
	의 미	Fox('여우') Creek('만')
	산 지	McLaren Vale
	사 이 트	www.foxcreekwines.com
	브 랜 드	Shadow's('그림자') Run(뛰기, 경주, 방목장, 사육장) Duet('이중창, 이중주') Red('붉은') Baron('남작') Reserve('비축') Short('짧은') Row('열, 줄, 거리')

20)	와이너리	Grant Burge
	의 미	Grant Burge(인명, John Burge의 후손)
	산 지	Barossa
	사 이 트	www.grantburgewines.com.au
	브 랜 드	Shadrach(인명, 성경 속의 인물) Nebuchadnezzar(인명, 성경 신바빌로니아의 제 2대 왕) Balthasar(인명, 성경 속의 인물) Filsell(인명, 성경 속의 인물) The Holy('신성한') Trinity('삼위일체(성부, 성자, 성령)') Benchmark('판단의 기준') GB 32 / 38(Grant Burge의 이니셜) Abednego(인명, 성경('느고의 종') 다니엘의 세 친구 중의 한 사람인 아사랴에게 바벨론 왕의 환관장이 지어준 별명) Meshach(인명, 성경 메삭(Meshach) 느부갓네살의 수석 궁정 관리가 다니엘의 동무 이사엘에게 붙여준 바빌로니아어 이름 = John Burge의 아들 Meshach William Burge)

21)	와이너리	Greg Norman Estate
	의　미	Greg Norman(인명, 1997년 백상어란 별명으로 NEC월드시리즈 골프에서 우승한 Gregory John Norman)
	산　지	Victoria
	사 이 트	www.shark.com
	브 랜 드	Victoria(='로마 신화에 나오는 승리의 여신') Limestone('석회암') Coast(연안, 해안) Reserve('비축')

22)	와이너리	Hardy's
	의　미	Hardy's(인명, Thomas Hardy)
	산　지	Barossa
	사 이 트	www.hardys.com.au
	브 랜 드	아래 표 참고

대기업 Constellation Brands Inc에 속하며 호주 내 여러 곳의 자회사를 소유하고 있다.
① Hardy's　② Houghton　③ Leasingham　④ Tintara　⑤ Starvedog　⑥ Kamberra
⑦ Reynell　⑧ Brookland Valley　⑨ Savy　⑩ Four Emus　⑪ Kelly's Revenge
⑫ Emus Wine　⑬ Banrock Station　⑭ Stonehaven　⑮ Yarra Bum　⑯ Nobilo
⑰ Barossa Valley Estate　⑱ Chateau Reynella　⑲ Moondah Brook　⑳ Bay of Fires
㉑ Redman　㉒ Berri Estates　㉓ Stanley Wines　㉔ Knife & Fork

대기업 Constellation Brands Inc
사이트 www.cbrands.com/CBI
① Constellations Wines US
② Constelation Europe
③ Vincor Canada
④ Hardy Wine Company
⑤ Nobilo Wine Group

23)	와이너리	Henschke
	의 미	Henschke(인명, Johann Christian Henschke)
	산 지	Barossa
	사 이 트	www.henschke.com.au
	브 랜 드	Tilly's(인명) Vineyard(포도밭) Louis Eden(인명) Valley('계곡') Eden(인명) Valley Eleanor's(인명) Cottage('시골집, 산장') Cranes Eden(인명) Valley Peggy's(인명) Hill Eden Valley Julius Eden(인명) Valley Joseph(인명) Hill Noble('고귀한') Rot('썩음, 부패') Henry's(인명) Seven('7') Johann's(인명) Garden('정원') Keyneton(인명) Estate Euphonium('유포늄(튜바(Tuba)) 비슷한 금관악기) Mount('산') Edel('고귀한') + Stone('돌') Cyril Henschke(인명) Hill('언덕') of Grace('(하나님의) 은총') Lenswood(인명) Croft('소작지') Little Hampton(인명) Innes('선술집, 여인숙') Vineyard Lenswood Green's(인명) Hill Lenswood Abbotts(인명, '대 수도원장') Prayer('기도, 기원')

24)	와이너리	Irvine
	의 미	Irvine(인명, James Irvine)
	산 지	Eden Valley
	사 이 트	www.irvinewines.com.au
	브 랜 드	Irvine(인명) Grand(웅장한, 인상적인) Irvine 'The Baroness'('남작부인') Springhill(봄, 도약하다, 도약, 샘 + 언덕)

25)	와이너리	Jacob's Creek
	의 미	Jacob's (① 인명, 함장 아서 필립의 아버지 제이콥 필립(Jacob Phillip) ② 인명 William Jacob ③ 인명, 성경 속의 인물) Creek('만')
	산 지	Adelaide
	사 이 트	www.jacobscreek.com
	브 랜 드	Traditional('전통적인') Reserve('비축') Heritage('세습, 유산, 전통') Centenary('100년(간)의') Hill('언덕') Johann(인명, 독일계 이민자 Johann Gramp) Reeves(① 목도리 도요의 암컷 ② (영국사) 지방행정관 ③ 인명) St Hugo(인명, '마음과 정신이 밝은'의 뜻) Steingarten(인명)
26)	와이너리	Leasingham
	의 미	Leasing('① 거짓말 ② 능 ; 실의 엉킴을 방지하기 위해 시침을 잡는 것') + ham('색슨족의 '마을'을 의미')
	산 지	Clare Valley
	사 이 트	www.leasingham-wines.com.au
	브 랜 드	Classic(고전의, 일류의) Clare(인명, Clara, Clarice, Clarissa의 애칭에서 온 지명) Bin(① (뚜껑 달린) 큰 상자 ② 포도주 저장소(지하실의)) Bin 7 Bin 37 Bin 56 Bin 61
27)	와이너리	Leeuwin Estate
	의 미	Leeuwin(인명에서 유래된 지명) Estate(사유지, 소유지)
	산 지	Margaret River
	사 이 트	www.leeuwinestate.com.au
	브 랜 드	Art(예술, 작품) Series(시리즈, 세트) Siblings('형제, 자매') Prelude('전주곡, 서곡') Classic(고전의, 일류의) Prelude Vineyards(포도밭) Classic

라벨로 보는 명화 3탄 - Leeuwin Estate

28)	와이너리	Lindemans
	의 미	Lindemans(인명, Dr. Henry J Lindeman)
	산 지	Coonawarra
	사 이 트	www.lindemans.com
	브 랜 드	Limestone('석회암') Ridge('산등성이') Pyrus('배꽃') Bin((뚜껑 달린) 큰 상자) 25 / Bin 35 / Bin 40 / Bin 45 / Bin 50 / Bin 55 / Bin 65 / Bin 75 / Bin 95 St George('영국 왕의 이름이며 용을 퇴치하는 보석상으로 영국 및 가터훈장의 수호성자')
29)	와이너리	Maxwell
	의 미	Maxwell(인명, William James Maxwell)
	산 지	McLare Vale
	사 이 트	www.maxwellwines.com.au
	브 랜 드	Box 111('우체통 번호') Lime(① 석회 ② 라임) Cave('동(굴), (와인의) 지하저장실') Four('4') Roads('길') Little('작은') Demon('악마, 명인') Meracus(라틴어로 '순수') Fifty Three('53') Reserve('비축') First('첫 번째의') Colony('식민지, 거류지') Kangaroo('캥거루') Island('섬')
30)	와이너리	Mcguigan
	의 미	Mcguigan(인명, Owen Patrick Mcguigan)
	산 지	Yarra Valley
	사 이 트	www.mcguiganwines.com.au
	브 랜 드	Black('검정(색)') Label(라벨, 꼬리표) Bin(('뚜껑 달린) 큰 상자) Earth's('지구') Portrait('초상(화), 생생한 묘사') Genus('종류, 부류') 4

31)	와이너리	McPherson
	의 미	McPherson(인명, Andrew Mcpherson)
	산 지	Murray–Darling
	사 이 트	www.mcphersonwines.com.au
	브 랜 드	Murray Darling(지명) Goulburn Valley(지명)

32)	와이너리	Mitolo
	의 미	Mitolo(인명, Frank & Simone Mitolo)
	산 지	McLaren Vale
	사 이 트	www.mitolowines.com.au
	브 랜 드	Jester('농담하는 사람') G.A.M(자식들의 이름 이니셜 Gemma, Alex & Marco) Savitar(① 전설에 나오는 괴물같은 용 ② 인도의 태양신) Reiver('강') Serpico(인명)

33)	와이너리	Moss Wood
	의 미	Moss('이끼') Wood('숲, 삼림')
	산 지	Margaret River
	사 이 트	www.mosswood.com.au
	브 랜 드	Varietal('변종의, 품종의')

34)	와이너리	Nepenthe
	의 미	Nepenthe(그리스의 시성 호머가 오딧세이에서 풀 향기가 도는 이집트의 술로 묘사한데서 유래)
	산 지	Adelaide Hills
	사 이 트	www.nepenthe.com.au
	브 랜 드	Varietal('변종의, 품종의')

35)	와이너리	Orlando
	의 미	Orlando(인명, Roland 롤랑(샤를마뉴 대제의 충신으로 12용사 중 최고의 용장)의 독일식 표현)
	산 지	호주 전역
	사 이 트	www.orlandowyndhamgroup.com
	브 랜 드	아래 표 참고

대기업 Pernod Ricard Pacific
사이트 www.orlandowyndhamgroup.com
호주 내 자회사

① Jacob's Creek	② Wyndham Estate
③ Gramp's	④ Morris
⑤ Lawson's	⑥ Orlando Wines
⑦ Orlando Trilogy	⑧ Russet Ridge
⑨ Coolabah	⑩ Richmond Grove
⑪ Poet's Corner	⑫ Orlando Carrington
⑬ Jacaranda Ridge	

36)	와이너리	Paringa Estate
	의 미	Paringa(지명) Estate(사유지, 소유지)
	산 지	Morington Peninsula
	사 이 트	www.paringaestate.com.au
	브 랜 드	Reserve('비축') Estate(사유지, 소유지) Peninsula('반도')

37)	와이너리	Penfolds
	의 미	Penfolds(인명, Dr. Chirstopher Rawson Penfold)
	산 지	Adelaide
	사 이 트	www.penfolds.com.au
	브 랜 드	Grange('농장') Yattarna(=Little By Little, Gradually) RWT(=Red Winemaking Trial '새로운 시도'의 이니셜) Magill(인명에서 유래된 지명) Estate St. Henri(인명, 성자 이름) Block('구획') 42 Kalimna(포도밭 이름) Kalimna Cellar(포도주 저장소) Reserve('비축') Tumbarumba(지명) Bin A / Bin 2 / Bin 8 / Bin 28 Kalimna(포도밭 이름) / Bin 31 / Bin 51 / Bin 60A Coonawarra(포도밭 이름) / Bin 128 / Bin 138 / Bin 389 / Bin 407 / Bin 707 Rawson's(인명) Retreat(가톨릭 신자들이 자신들의 영신 생활에 필요한 결정이나 새로운 쇄신을 위해, 어느 기간 동안 일상적인 생활의 모든 업무에서 벗어나 묵상과 자기 성찰 기도 등 종교적 수련을 할 수 있는 고요한 곳으로 물러남을 말함)

38)	와이너리	Penley Estate
	의 미	Penley(인명, Penfold & Tolley의 약어로 설립자 Kym Tolley는 Dr Christopher Rawson Penfold의 후손)
	산 지	Coonawarra
	사 이 트	www.penley.com.au
	브 랜 드	Over(~위쪽에) the Moon('달') Phoenix('불사조') Hyland(인명, Thomas Hyland) Condor('콘도르(남미산 큰 독수리의 일종)') Gryphon('그리핀(독수리의 머리, 날개에 사자의 몸통을 가진 괴수)') Chertsey(영국 서리(Surrey) 지역의 지명)

39)	와이너리	Peter Lehmann Wines
	의 미	Peter Lehmann(인명)
	산 지	Barossa
	사 이 트	www.peterlehmannwines.com
	브 랜 드	Ambassador('대표') Stone('돌') + well('우물') Eight('8의') Songs('노래') Mentor('선도자, 좋은 조언자, 스승') Reserve('비축') Cellar(포도주 저장소) Reserve('비축') The 'Mudflat'('개펄') Southern('남쪽의') Flinders('파편, 부서진 조각') Light('밝은') Pass('① (산) 길, ② 강어귀) Peppers'('후추') Marananga(지명) Burdon(인명) Greenock(영국 스코틀랜드 서부의 지명) Ruediger(인명) The 1885(설립연도) Eden Valley(지명) Stockwell(인명) Road('길') Black('검정(색)') Queen('여왕') Late('늦은') Harvest('수확') The King('왕') AD 2008 A.D(Anno Domini 서기 서력) The King('왕') AD 2017 Clancy's(인명) Weigh('무게달기, 계량') + bridge('다리') Vine('포도나무') Vale('계곡') Wildcard(아무 카드나 대용으로 쓸 수 있는 카드로 흔히 '예측할 수 없는 요인'이란 뜻)

라벨로 보는 명화 4탄 – Peter Lehmann Wines

40)	와이너리	Rosemount
	의 미	Rose(ʻ장미(꽃)ʼ) + mount(ʻ산ʼ)
	산 지	Hunter Valley
	사 이 트	www.rosemountestate.com
	브 랜 드	Blend(ʻ혼합ʼ) Label(라벨, 꼬리표) Diamond(ʻ다이아몬드ʼ) Label Hill(ʻ언덕ʼ) of Gold(ʻ황금ʼ) Show(쇼, 흥행, 과시) Reserve(ʻ비축ʼ) Epicurean(ʻ미식가적인, 향락취미의ʼ) Collection(수집(물)) Flagship(ʻ가장 최고의 것ʼ) Orange(ʻ오렌지ʼ) Vineyard(포도밭)
41)	와이너리	Saltram
	의 미	Saltram(인명, William Salter의 약어)
	산 지	Barossa
	사 이 트	www.saltramestate.com.au
	브 랜 드	No.1 Maker's(제조자) Table(ʻ평원, 평지, 대지, 테이블ʼ) Next(ʻ다음ʼ) Chapter(ʻ장, (일련의) 사건ʼ) The Eighth(ʻ제8의ʼ) Maker(제조자) Mamre(히브리어로 ʻ강하다ʼ의 뜻) Brook(ʻ시내, 개천ʼ)
42)	와이너리	Seppelt
	의 미	Seppelt(인명, Benno Seppelt)
	산 지	Barossa
	사 이 트	www.seppelt.com.au
	브 랜 드	Seppelt Drumborg(인명) Vineyard(포도밭) Benno Bendigo(인명, 세례명) St. Peters(인명, 베드로) Grampians(영국 스코틀랜드 동부의 지명) Bell(ʻ종ʼ) + field(ʻ벌판, 들판ʼ) Jaluka(계곡 이름) Moyston(인명에서 유래된 지명) Chalambar(산 이름) Victorian(ʻ빅토리아 여왕(시대)의 (사람), 빅토리아 주 태생의 (사람)ʼ) Mt.Ida(소아시아의 산(에게 해를 내려다 봄) Heathcote(Heath 쌍떡잎 식물 진달래목 진달래과 에리카속의 총칭) + cote(ʻ언덕ʼ)

43)	와이너리	Stefano Lubiana
	의 미	Stefano Lubiana(인명)
	산 지	Tasmania
	사 이 트	www.stefanolubiana.com
	브 랜 드	Varietal('변종의, 품종의')

44)	와이너리	Stonehaven
	의 미	Stone('돌') + haven('항구')
	산 지	Padthaway
	사 이 트	www.stonehavenvineyards.com.au
	브 랜 드	Limited('제한된') Vineyard(포도밭) Winemaker's(포도주 제조자) Hidden('숨겨진, 비밀의') Sea('바다') Stepping('한 걸음 내디디는') Stone('돌')

45)	와이너리	Tempus Two
	의 미	Tempus(라틴어로 '시간') Two('2, 두 번째')
	산 지	Hunter Valley
	사 이 트	www.tempustwo.com.au
	브 랜 드	Ziggy(인명) Spring(봄, 샘, 도약) Rock('바위, 암석') Cowra(지명) Hunter(지명) Vine('포도나무') Vale('골짜기')

46)	와이너리	Thorn Clarke
	의 미	Thorn(인명, David Thorn) Clarke(인명, Cheryl Clarke)
	산 지	Eden Valley
	사 이 트	www.thornclarkewines.com.au
	브 랜 드	Sandpiper('깜짝 도요', '삑삑 도요의 무리') Sorriso('미소') Terra(흙, 땅, 대지) Barossa(지명) Shotfire('점화') Ridge('산등성이, 봉우리') William Randell(인명)
47)	와이너리	Two Hands
	의 미	Two Hands(건설업 종사자 Michael Twelftree와 공인회계사 출신의 Richard Minch의 합작을 의미)
	산 지	McLaren Vale
	사 이 트	www.twohandswines.com
	브 랜 드	The Flagships('기함, 본점, 본사, 가장 최고의 것') Ares(아레스(군신 : 로마 신화의 Mars에 해당)) Aphrodite(아프로디테(사랑, 미의 여신 ; 로마 신화의 Venus에 해당) Aerope(그리스 신화에 나오는 전설적인 크레타 섬의 왕 미노스의 손녀) The Garden('정원') Series Bella's(인명) Garden Lily's(인명) Garden Samantha's(인명) Garden Sophie's(인명) Garden Harry & Edward's(인명) Garden Max's(인명) Garden The Picture('그림') Series The Wolf('늑대') Brilliant('훌륭한') Disguise('위장') For('위해') Love('사랑') Or('또는') Money('돈') Gnarly('근사한') Dudes('사내, 녀석') Angel's('천사의') Share('몫') Brave('화려한, 용감한') Faces('외관, 지세') Yesterday's('어제의') Hero('영웅, 용사') The Bull('황소') and The Bear('곰') Bad('좋지 않은') Impersonator('분장사, 배우') Deer('사슴') in Headlights('전조등') Journey's('여행의') End('끝') Beginning('시작')

48)	와이너리	Tyrrell's Wines
	의 미	Tyrrell's(인명, Edward Tyrrell)
	산 지	Hunter Valley
	사 이 트	www.tyrrells.com.au
	브 랜 드	Winemaker's(포도주 제조자) Selection(선발, 선택) Reserve('비축') Rufus(인명) Stone('돌') Individual('개개의') Variety('품종') Lost(잃은, 행방불명의) Block('구획') Old('오래된') Winery(포도주 양조장) EKert's(인명) Lane('좁은 길, 골목길') Moore's(인명) Creek('내, 지류') Glen('(스코틀랜드, 아일랜드의) 산골짜기, 계곡') + bawn('새벽') = 댐 이름 Vat 1('큰 통')

49)	와이너리	Wirra Wirra Vineyards
	의 미	Wirra(토착어로 '검 나무속에서')
	산 지	McLaren Vale
	사 이 트	www.wirra.com.au
	브 랜 드	Vineyard(포도밭) Series R.S.W(인명, Robert Strangways Wigley) The Angelus('삼종기도(그리스도의 수태를 기념하는)') Dead('죽은') Ringer(종을 치는 사람) Woodhenge(우드헨지(원형 나무기둥 유적 군)) Church('교회') Block('구획') Hand('손으로') Picked('딴') Mrs Wigley(인명) Scrubby('잡목(관목)이 무성한') Rise(오르막 (길), 둔 턱, 언덕) Empire('제국, 제왕의 영토') Series

50)	와이너리	Wolf Blass
	의 미	Wolf Blass(인명)
	산 지	Barossa
	사 이 트	www.wolfblass.com.au
	브 랜 드	Platinum('백금') Label('라벨') Black('검정(색)') Label Grey('회색') / Brown('갈색') Label Gold('황금') Label Yellow('노랑(색)') Label Red('붉은(색)') Label Eaglehawk('수리매') President('대통령, (의) 장')

51)	와이너리	Wyndham Estate
	의 미	Wyndham(인명, George Wyndham)
	산 지	Hunter River
	사 이 트	www.wyndhamestate.com
	브 랜 드	1828(설립연도) Bin 222 / Bin 333 / Bin 444 / Bin 555 / Bin 888 George Wyndham(인명) Show('보임, 과시') Reserve('비축') Regional('지역의') Selection('선발') Icon('성상, 우상')

52)	와이너리	Wynns Coonawarra Estate
	의 미	Wynns(인명, Samuel Wynn) Coonawarra(지명, '인동 덩쿨'에서 유래)
	산 지	Coonawarra
	사 이 트	www.wynns.com.au
	브 랜 드	John Riddoch(인명) Michael(인명) Harold(인명) Vineyard

대기업 Foster's
사이트 www.fosters.com.au

① Andrew Carrett
② Annie's Lane
③ Baileys of Glenrowan
④ Black Opal
⑤ Blues Point
⑥ Cartwheel
⑦ Coldstream Hills
⑧ Devil's Lair
⑨ Edwards & Chaffey
⑩ Glass Mountain
⑪ Greg Norman Estates
⑫ Half Mile Creek
⑬ Ingoldby
⑭ Jamiesons Run
⑮ Kaiser Stubl
⑯ Kilawarra
⑰ Leo Buring
⑱ Lindemans
⑲ Maglieri of McLaren Vale
⑳ Matthew Lang
㉑ Metala
㉒ Mildara
㉓ Minchinbury
㉔ Mount Ida
㉕ Penfolds
㉖ Pepperjack
㉗ Queen Adelaide
㉘ Robertson's Well
㉙ Rosemount Estate
㉚ Rouge Homme
㉛ Saltram
㉜ Seaview
㉝ Seppelt
㉞ Shadowood
㉟ St Hubert's
㊱ T'Gallant
㊲ The Little Penguin
㊳ The Rothbury Estate
㊴ Tollana
㊵ Wolf Blass
㊶ Wynns coonawarra Estate
㊷ Yarra Ridge
㊸ Yellowglen

53)	와이너리	Yalumba
	의 미	Yalumba(토착어로 '주변의 모든 땅')
	산 지	Barossa
	사 이 트	www.yalumba.com
	브 랜 드	Mawson's(인명) Hand('손으로') Picked('골라 딴') Series Barossa(지명) Christobel's(인명) CDW Y(=Yalumba) Series Galway(영국 아일랜드의 지명) Vintage(포도 수확(기)) Museum('박물관, 기념관') Reserve('비축') The Reserve('비축') Bins('포도주 저장실') The Reserve('비축') The Octavius(인명, 율리우스 카이사르의 양자 Gaius Octavius) The Signature('서명') The Menzies(인명) The Virgilus(인명, 3월 5일 축일의 성 비르질리오(Virgilius) ; 영국 선교 에 힘씀)
54)	와이너리	Yellow Tail
	의 미	Yellow('노란(색)') Tail('꼬리') = 다리와 꼬리에 노랑 무늬가 있는 왈라 비(Wallaby)라는 예쁜 캥거루의 애칭
	산 지	Riverina
	사 이 트	www.yellowtailwine.com.au
	브 랜 드	Varietal('변종의, 품종의') The Reserve('비축')
55)	와이너리	Five Oaks
	의 미	Five('다섯 개의') Oak('오크(떡갈나무)')
	산 지	Yarra Valley
	사 이 트	www.fiveoaks.com.au
	브 랜 드	Varietal('변종의, 품종의')

56)	와이너리	Bloodwood
	의　미	Blood('피, 생명') + wood('숲')
	산　지	Orange
	사 이 트	www.bloodwood.com.au
	브 랜 드	Big('큰') men('사람들') In Tights('곤경, 궁지') Schubert(인명) Chirac(인명) Right('적당한, 직각의, 오른편의') Bank('강둑, 강기슭, 강변(의 땅)') Maurice(인명)

New Zealand

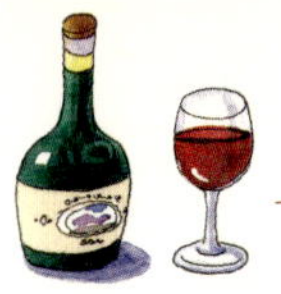

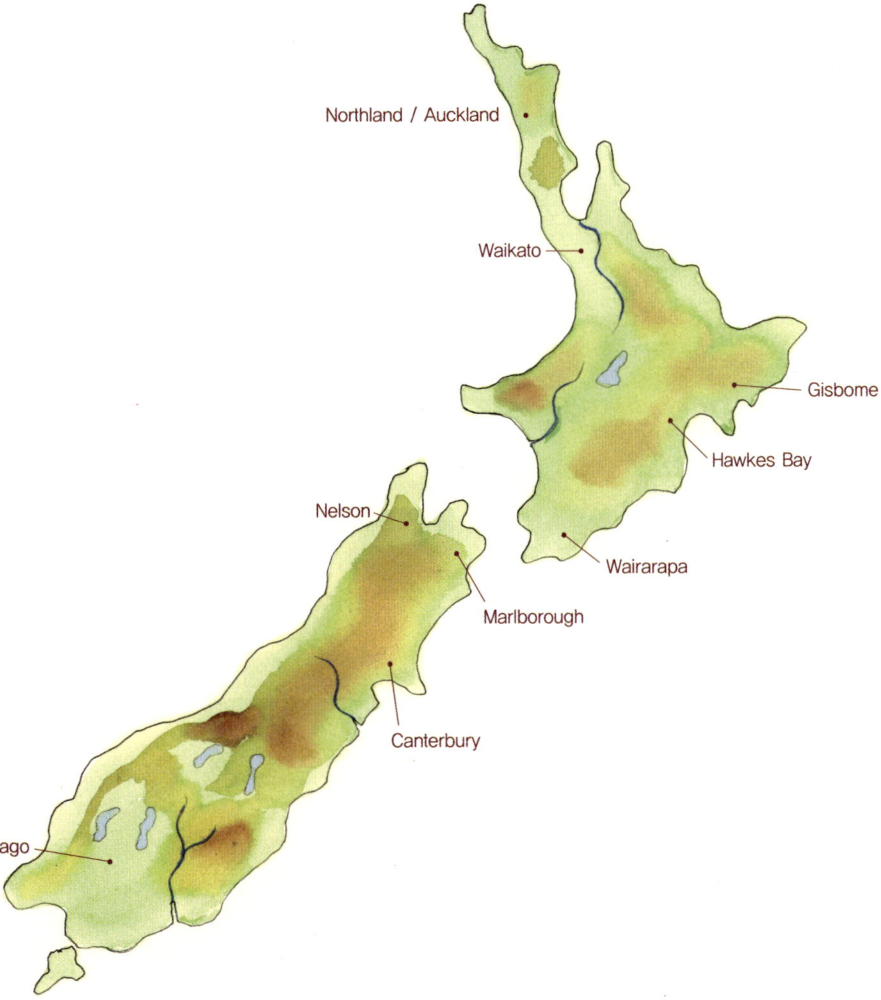
Northland / Auckland
Waikato
Gisbome
Hawkes Bay
Wairarapa
Nelson
Marlborough
Canterbury
Otago

12. 뉴질랜드 와인

네덜란드 남서부 해상에 있는 젤란트 지방의 이름을 딴 것. 젤란트(zee-land)란 네덜란드어로 Zee(바다)와 Land(땅)로 '새로운 바다의 땅' 이라는 뜻이다(영어로 표기하면서 zee가 zea가 되었다). 그 지방의 마오리족은 아오테아로아(Aotearoa)라고 부르는데, 'ao' 는 '구름', 'tea' 는 '흰색', 'roa' 는 '길다' 는 뜻으로 '희고 긴 구름이 길게 뻗쳐있는 땅' 이라는 뜻이다.

1642년 남섬에 도착한 네덜란드의 아벨 타스만(Abel Tasman) 이후 뉴질랜드를 찾은 사람은 영국의 탐험가 제임스 쿡(James Cook) 선장이었다. 이후 1814년 런던의 선교사가 와서 그리스도교 교화를 시작하였으며, 뉴 사우스 웨일즈(오스트레일리아)의 식민지로서 고래와 바다표범 잡이의 기지로 이용되었다. 1840년 마오리족은 자신들을 보호해주는 대가로 뉴질랜드의 통치권을 영국에 양도하였다. 따라서 오스트레일리아와 더불어 영국의 영향으로 영국 사람들의 이름을 가진 지명이 많다.

수도 웰링턴(Wellington)

1840년 영국의 뉴질랜드 회사가 식민지 도시로 건설했다. 도시 이름은 창립 관계자인 아서 웰링턴의 이름을 딴 것. 웰링턴 공은 워털루 전투에서 나폴레옹을 무찔렀고, 수상을 지낸 바 있다.

북섬(Northland)

일 년 내내 온화한 기후인 까닭에 '겨울이 없는 북쪽', '불의 섬' 이라고 일컬어지며, 곳곳에서 온천이 솟고 가끔 화산이 터지기도 한다.

- Auckland : 도시 기반을 단단하게 만든 인도 총독(영국 식민지 하의 인도에서 최고의 정치권력을 장악한 관직)의 이름에서 유래

- Waikato : 굽이굽이 흐르는 모습 때문에 '뱀강' 이라고도 부르는 북도에서 제일 긴 와이카토 강(425Km)에서 유래

  ① Hamilton : 영국의 철학자(스코틀랜드 학파에 속하며, 칸트의 영향을 받음) Hamilton William의 이름에서 유래

- Gisborne : 식민지 개척자 윌리엄 기스본의 이름을 따서 1870년 새로 탄생

- Bay of Plenty(=Tauranga) :
영국의 캡틴 쿡이 유럽인으로는 두 번째로 뉴질랜드에 도착해 대규모 탐사를 겸한 항해를 시작. 1769년 10월 엔데버(Endeavour)호를 타고 이 지역에 온 후 '모든 게 풍부하다' 는 뜻으로 'Bay of Plenty' 라 명명

  ① Tauranga :
마오리 언어로 'Landing Place' 라는 뜻. 약 1,000년 전 AD 950년경에 쿠페(Kupe)라는 마오리 탐사가가 태평양 전설의 섬 Hawaiki를 떠나 아오테아로아에 처음 도착한 후 1350년경쯤 이 섬에 닥친 대재앙으로, 식량난을 피해 이곳으로 대규모 이주단이 뉴질랜드에 도착한 곳(Landing Place)이란 뜻

- Hawke's Bay : Hawke's('매의') + Bay('만')이란 뜻

- Wairarapa : 와이라라파 호수의 이름에서 유래

  ① Wellington : 워털루전의 영웅 웰링턴의 이름을 따서 명명

  ② Egmont Mt : 영국의 해군중령 에그몬트 백작을 기념하여 에그몬트산으로 명명

  ③ Manukau : 뉴질랜드에만 있는 나무의 이름에서 유래, 나무나 꽃보다는 그 꽃에서 채취한 꿀로 유명하다.

험준한 습곡산맥이 많은 지형으로 산 정상에는 녹지 않는 빙하가 있고, 웅대한 규모의 피오르드(Fiord : 빙식곡 안에 해수가 침입하여 만든 좁고 긴 만. 협만이라고도 한다)가 모여 있어 태고의 신비를 느낄 수 있는 섬으로 '얼음의 섬'이라고 일컬어진다.

- Marlborough : 윈스턴 처칠의 선조인 말보로 공작의 이름을 따서 명명

- Nelson('니콜의 아들'이란 뜻) :

  영국의 제독, 나일강 입구의 아부키르만 해전에서 프랑스 함대를 격파하여 '나일 강의 남작'이라 불린 Nelson Horatio의 이름을 따서 명명

- Canterbury : 영국 Kent주의 도시(영국 국교회 총 본산의 소재지)의 이름을 따서 명명

  ① Waipara : 골짜기 지대

- Central Otago : 마우리족의 마을 이름 '오타코우' 마을에서 유래

  ① Cook Mt : 영국의 항해가 제임스 쿡(James Cook)의 이름을 기념하여 명명

  ② Christchurch : Christ('예수 그리스도') + Church('장대한 교회')의 뜻

뉴질랜드 와인은 마우이('폴리네시아의 헤라클레스'라고 불리는 반신반인의 영웅 '마우이(Maori)'에서 유래) 언어와 영어, 대기업형 생산자와 가족경영에 의한 생산자를 알면 도움이 된다.

1)	와이너리	Alpha Domus
	의 미	Alpha(가족 이름의 이니셜, 아빠(Anthonius), 엄마(Leonarda), 아들(Paulus), 아들(Henrikus), 아들(Anthonius)) Domus(라틴어로 '집')
	산 지	Hawke's Bay
	사 이 트	www.alphadomus.co.nz
	브 랜 드	AD(=Alpha Domus의 이니셜) The Aviator('비행사') Varietal('변종의, 품종의') Noble('고귀한') Selection('선발') The Navigator('항해자') The Pilot('조종사') Leonarda(인명) Late('늦은') Harvest('수확')
2)	와이너리	Ata Rangi
	의 미	Ata Rangi(마우리족의 표현으로 New beginning '새로운 시작', Dawn Sky '새벽 하늘'의 뜻)
	산 지	Wairarapa 〉 Martinborough
	사 이 트	www.atarangi.co.nz
	브 랜 드	Varietal('변종의, 품종의') Celebre('유명한, 성대한') Lismore(영국 아일랜드 지명) Crimson('진홍색의') Petrie(인명) Craighall(지명) Summer('여름') Rose('장미') Kahu(마우리족의 표현으로 'Harrier Hawk')
3)	와이너리	Bald Hills
	의 미	Bald('대머리') Hills('언덕')
	산 지	Central Otago
	사 이 트	www.baldhills.co.nz
	브 랜 드	Varietal('변종의, 품종의') Pigeon('비둘기') Rocks('바위')

4)	와이너리	Clos Henri
	의 미	Clos((울타리를 둘러친) 포도밭) Henri(인명)
	산 지	Marlborough
	사 이 트	www.clos-henri.com
	브 랜 드	Varietal('변종의, 품종의')

5)	와이너리	Cloudy Bay
	의 미	Cloudy('구름이 많은') Bay('(작은) 만')
	산 지	Marlborough
	사 이 트	www.cloudybay.co.nz
	브 랜 드	Pelorus('(나침반 면의) 방위판') Late('늦은') Harvest('수확') Varietal('변종의, 품종의') Te KoKo(마우리족 사람들이 Cloudy Bay를 Te KoKo − O − Kupe라 부른 데서 유래)

6)	와이너리	Dog Point
	의 미	Dog Point(초기의 유럽 이민자들이 개를 통해 양을 키우던 경계에서 유래)
	산 지	Marlborough
	사 이 트	www.dogpoint.co.nz
	브 랜 드	Dog Point Vineyard('포도밭') Varietal('변종의, 품종의') Section('구획') 94

7)	와이너리	Felton Road
	의 미	Felton(인명, 1830년대 초 시드니 외각의 A Government Surveyor였던 Felton Mathew를 기념)
	산 지	Bannockburn 〉 Central Otago
	사 이 트	www.feltonroad.com
	브 랜 드	Varietal('변종의, 품종의') Elms(인명, Stewart Elm) Block('구획') 1 Block 5

8)	와이너리	Forrest Estate
	의 미	Forrest(인명, The Forrest Family) Estate(소유지, 사유지)
	산 지	Marlborough
	사 이 트	www.forrest.co.nz
	브 랜 드	Varietal('변종의, 품종의') Late('늦은') Harvest('수확') Botrytis(보트리티스균(누에, 포도 따위에 해를 입힌)) cinerea : 미세한 버섯 Botrytised

9)	와이너리	Kahurangi
	의 미	Kahurangi(마우리족의 언어로 'Treasured Possession, Precious Jewel, Pale Greenstone & Blue Sky')
	산 지	Nelson
	사 이 트	www.kahurangiwine.com
	브 랜 드	Varietal('변종의, 품종의') Late('늦은') Harvest(수확) Unwooded(통에서 숙성되지 않은) Series Moutere(언덕 이름) Mt('산') Arthur(11척의 선박으로 영국에서 호주의 시드니 항에 상륙한 아서 필립 선장(Captain Arthur Phillip)) Reserve('비축')

10)	와이너리	Kim Crawford
	의 미	Kim Crawford(인명, Kim & Erica Crawford)
	산 지	Marlborough
	사 이 트	www.kimcrawfordwines.co.nz
	브 랜 드	Varietal('변종의, 품종의') Briant(인명, Peter Briant) Vineyard Doc's(인명) Block(구획) Hawke's Bay(지명) Liebling(=Darling 가장 사랑하는) Pansy('팬지(식물)') Rose(장미(꽃)) SP Anderson(인명) Vineyard SP Comely('적당한, 어울리는') Bank('강변(의 땅), 강기슭') SP Watershed('분수령') SP Flowers('개화, 만발') SP The Mistress('여왕') Spitfire(① 성미가 급한 사람(여자) ② 불을 뿜는 것) Scotland's('스코트족(Scots)의 나라'의 뜻에서 스코틀랜드) Vineyard East('동쪽') Coast('해안') Tietjen(인명, Paul and Jenny Tietjen's) Reka(마우리족 언어로 'Sweet') Awatere(계곡 이름) Pia('아름다운 학생'을 의미하며, Kim Crawford의 딸 이름) Tane(마우리족 표현으로 '자연(숲)의 신')
11)	와이너리	Matua
	의 미	Matua(뉴질랜드에서 육성, 선발한 참다래 품종으로 마우리족 언어로 '아버지'란 뜻)
	산 지	Marlborough
	사 이 트	www.matua.co.nz
	브 랜 드	Ararimu(계곡 이름) Innovator('혁신자, 도입자') Estate('소유지') Shingle('자갈, 조약돌') Peak('산봉우리') Regional('지역(의)') Settler('이주자, 개척자') Matheson(인명, 초기 와인 메이커 Mark Roberton의 아내 Jane의 가문, The Matheson Family)

12)	와이너리	Lawson's Dry Hills
	의 미	Lawson's(인명, Ross & Barbara Lawson) Dry('마른') Hills('언덕')
	산 지	Marlborough
	사 이 트	www.lawsonsdryhills.co.nz
	브 랜 드	Varietal('변종의, 품종의') Late('늦은') Harvest('수확') Unoaked(오크통에서 발효되지 않은)

13)	와이너리	Montana
	의 미	Montana(라틴어로 '산악지방'이란 뜻)
	산 지	Gisborne, Marlborough, Hawke's Bay
	사 이 트	www.montanawines.co.nz
	브 랜 드	Classics(일류의, 고전의) Reserves('비축') Brancott(인명에서 유래된 Winery명) 'B' Marlborough Ormond(인명에서 유래된 Estate명) 'O' Gisborne Patutahi(Vineyard명) 'P' Gisborne Terraces(Vineyard명) 'T' Marlborough

14)	와이너리	Mount Edward
	의 미	Mount('산') Edward(인명, 노르만 정복에 의한 왕국 성립 이전의 앵글로 색슨계 최후의 영국 왕(별명 참회왕))
	산 지	Central Otago
	사 이 트	www.mountedward.co.nz
	브 랜 드	Varietal('변종의, 품종의') Drumlin('(지질) 빙퇴구')

15)	와이너리	Palliser
	의 미	Palliser(인명)
	산 지	Martinborough
	사 이 트	www.palliser.co.nz
	브 랜 드	Palliser Estate('소유지') Varietal('변종의, 품종의') Methode('방법') Traditionelle('전통적인') Pencarrow Varietal('변종의, 품종의')

16)	와이너리	Nobilo
	의 미	Nobilo(인명, Nikola Nobilo)
	산 지	Marlborough
	사 이 트	www.nobilo.co.nz
	브 랜 드	아래 표 참고

대기업 Constellation Brands Inc의 자회사로 국내와 국외에 합병회사를 갖고 있다.
〈Import〉

① Banrock Station(호주)	② Barossa Valley Estate(호주)	③ Hardy's(호주)
④ Houghton(호주)	⑤ Leasingham(호주)	⑥ Stonehaven(호주)
⑦ Taylors(호주)	⑧ Mondoro Asti(이탈리아)	⑨ Ruffino(이탈리아) 〈Domestic〉
⑩ Bach 22	⑪ Castle Cliffs	⑫ Drylands
⑬ Fernleaf	⑭ Icon	⑮ Monkey Bay
⑯ Station Road	⑰ The Jibe	⑱ Rose Tree Cottage
⑲ Selaks	⑳ Nobilo Regional Collection	㉑ White Cloud

17)	와이너리	Pegasus Bay
	의 미	Pegasus(그리스 신화에 나오는 날개 돋친 천마, 페르세우스가 메두사의 목을 자를 때 떨어지는 핏방울에서 생김) Bay('만')
	산 지	Waipara
	사 이 트	www.pegasusbay.com
	브 랜 드	Varietal('변종의, 품종의') Reserve('비축') Aria('오페라, 칸타타, 오라토리오 등에서 나오는 선율적인 독창부분') Prima Donna('오페라에서 제1 여가수나 주역을 맡은 여가수') Maestro('대음악가, 명지휘자') Finale('피날레, 끝장, 최종장면') Encore('앙코르, 재연의 요청')
18)	와이너리	Seresin Estate
	의 미	Seresin(인명, Michael Seresin) Estate('소유지')
	산 지	Malborough
	사 이 트	www.seresin.co.nz
	브 랜 드	Moana(하와이어로 '바다'란 뜻) Late('늦은') Harvest('수확') Estate('소유지') Varietal('변종의, 품종의') Marama(하와이키섬에서 오클랜드로 건너온 타이누이 카누의 선장 아내였던 마라마 키코후라가 노예와 부정을 저지르고 이곳에 남겨져 나마라마(Nga-Marama) 부족을 이룬 데서 유래)
19)	와이너리	Sileni
	의 미	Sileni(로마 신화에서 나오는 주신 바쿠스와 함께 등장하는 술의 신)
	산 지	Hawke's Bay
	사 이 트	www.sileni.co.nz
	브 랜 드	Sileni Cellar Selection Sileni Estate Selection

20)	와이너리	Villa Maria
	의　미	Villa('별장') Maria('성모 또는 성모 마리아')
	산　지	Marlborough, Auckland, Hawkes Bay, Gisborne
	사 이 트	www.villamaria.co.nz
	브 랜 드	Single(단 하나의) Vineyard(포도밭) Reserve('비축') Cellar(포도주 저장고) Selection('선발') Private(사적인, 비공개의) Bin((뚜껑 달린) 큰 상자) River('강') + Stone('돌')

Republic of South Africa

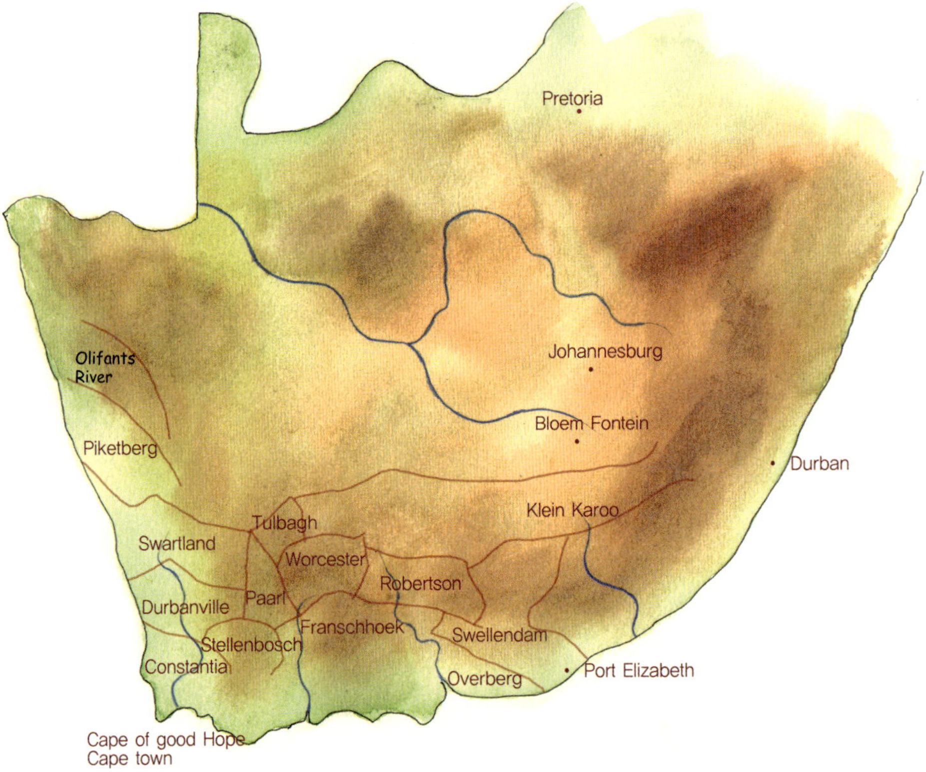

13. 남아프리카 공화국 와인

고대 로마 사람들은 북 아프리카 지방 즉, 오늘날의 튀니지에 해당하는 곳을 아프리(Afri)지방이라고 불렀고, 단어 Afri는 Afer의 복수 형태로 Afer의 어원은 먼지를 의미하는 페니키아 언어 Afar에서 왔다고 추정된다. 카르타고를 중심으로 한 북아프리카인들은 Afridi족으로 불렸으며, Afridi는 그리스어로 Aphrike이고 '추위가 없다' 는 뜻이다. 그리고 라틴어로는 Aprica이며, '햇빛 밝다' 는 의미이다.

수도 프리토리아(Pretoria)

1860년 대영전쟁 때 네덜란드계 무어인의 군사령관 안드리스 프레토라우스의 이름에 라틴어의 지명 접미사 −ia가 더해진 이름으로, 뜻은 '프레토리우스의 도시', 프레토리우스의 아들이 초대 대통령이 되었을 때 붙인 이름이다.

무어인과 영국인간의 대립에서 시작된 남아공

1488년 포르투갈의 탐험가 바르톨로메우 디아스가 남아프리카 공화국의 남단을 항해했다.

아프리카인들은 대부분 유목 생활을 하는 탓에 국가 또는 영토를 그리 중요하게 생각하지 않았다. 당연히 국경선도 필요 없었다. 그러나 16세기 네덜란드, 영국, 프랑스 등 유럽 국가들이 아프리카 서해안에 닿으면서 사정은 달라진다. 처음에는 '노예 무역' 에 열을 올리던 이들은 차차 아프리카 땅에 관심을 갖기 시작한다. 그리고 엄연히 임자가 있는 땅을 놓고 자기들끼리 싸우고, 나눠 갖자는 협상을 맺었다. 국경선도 협상 도중 책상위에서 멋대로 자로 긋고 정했다(그래서 아프리카의 국경선들은 대부분 반듯반듯하다).

1652년에는 네덜란드인 얀 반 리이베에크가 네덜란드 동인도 회사 무역선의 중간 기착지로 이용하기 위해 희망봉 일대에 식민지를 건설했다. 네덜란드 이주자들은 처음에 무어인(그리스어의 '검은'을 뜻하는 마우로스에서 유래)으로 불렸으나, 나중에 네덜란드 본토어에서 파생된 아프리칸스어를 쓰게 되면서 그 이름을 본따 '아프리카너'라고 불리게 되었다.

1795년에 영국군은 지금의 케이프주를 점령했다가 1802년에 그 지배권을 양도했으나, 1806년에 이를 되찾았다. 영국인들은 국경을 따라 반투어를 쓰는 종족들을 정복하는 정책을 펼쳤다. 1830년대에 들어와서 아프리카너들이 노예들과 함께 오렌지강과 발강을 건너 대규모로 북상하는 이른바 '대이주'가 시작되었다. 이 시기에 무어인들은 오렌지 자유국(1854)과 남아프리카 공화국(1838)을 세웠다. 두 공화국 모두 1850년대에 영국의 식민통치에서 독립했다. 19세기 후반에는 다이아몬드(1868)와 금(1886)의 발견으로 경제가 활기를 띠었다. 무어인들은 영국이 자신들이 세운 공화국을 남아프리카 연방에 포함시키려고 하자 이에 맞서 저항했고, 마침내 1899년 두 공화국과 영국 사이에 전쟁이 발발했다. 1902년 무어인들이 패하고, 두 공화국은 영국의 식민지가 되었다.

1) Coastal Region

① Swartland : '검은 땅'이란 뜻으로 이 지역의 기름진 땅에서 유래
② Durbanville : 1835년 당시의 케이프 식민지의 영국인 총독 B. 더반경의 이름

을 따서 '더반의 마을'이란 뜻

③ Constantia Ward : 1685년 네덜란드인 총독 S. 반 데르 스텔의 아내의 이름
호로트 콘스탄티아에서 유래

= Cape town : '곶 있는 마을'의 뜻(곶은 바다나 들 쪽으로 좁고 길게 내민 땅이
나 지형)

◆ Cape of Good Hope :

1488년 포르투갈의 항해자 바르톨로뮤 디아스가 발견하였으며, 당시에는 포르투갈 왕 주앙 2세로부터 동방과의 향신료 무역을 위해 인도양으로 가던 중 풍랑을 만났다 하여 '폭풍의 곶(Cape of Storms)'으로 불렸다. 그 후 1497년 V.d. 가마(Gama, Vasco da 1469~1524 포르투갈의 항해자)가 이 곳을 통과하여 인도로 가는 항로를 개척한 데서 연유하여 포르투갈 왕 주앙 2세가 카부 다 보아 에스페란사(희망의 곶)라고 개칭

④ Stellenbosch : '(사관을) 좌천시키다'라는 뜻으로 한마디로 '귀향 살이 하는
곳'의 의미

2) Boberg

① Tulbagh
② Paarl : '검은 진주'의 뜻으로 비온 뒤 마치 검은 진주 같이 보이는 바위 덩어
리에서 유래

◆ Franschhoek : '프랑스의 코너'라는 뜻

3) Breede River Valley

① Worcester : 영국 잉글랜드의 Hereford와 Worcester주의 주도에서 따온 이름

② Robertson : 영국인 성공회의 프로테스탄트 목사인 로버트 손(Robertson,
　　　　　　　 Frederick William)의 이름을 따서 지음
③ Swellendam : '부풀은 댐' 의 뜻

4) Olifants River

① Lutzville : 'Lutz의 마을' 이란 뜻

5) Klein Karoo

① Calitzdorp : 'Calitz의 작은 부락' 이란 뜻

6) 기타

① Bloem fontein : 네덜란드어로 '꽃 피는 샘' 을 뜻한다.
② Johannesburg : 마을의 건설자 'C. 요하네스 주베의 마을' 이란 뜻
③ Pretoria : '프레토리우스의 도시' 란 뜻
④ Douglas : 영국제도 맨섬에 있는 항구도시의 이름에서 따온 지명
⑤ Overberg : 'Over the Mountain(산의 위)' 의 뜻
⑥ Picketberg : Picket('말뚝') + berg('산')의 뜻
⑦ Port Elizabeth : 영국 여왕의 이름에서 유래된 항구

남아프리카 와인은 영어, 네덜란드어, 호텐토트 부시먼('말더듬는 사람'의 뜻과 '덤불에서 사는 사람'의 뜻인 Hottentot Bushman) 언어, 창립자(설립자, 소유주)의 이름 등을 알면 도움이 된다.

1)	와이너리	Backsberg Estate
	의　미	Backs(인명, Michael Black Family) + berg('산') Estate('소유지')
	산　지	Stellenbosch
	사 이 트	www.backsberg.co.za
	브 랜 드	Varietal('변종의, 품종의')

2)	와이너리	Bein Wine Cellar
	의　미	Bein(인명, 스위스 이민자 Luca & Ingrid Bein)
	산　지	Stellenbosch
	사 이 트	www.beinwine.com
	브 랜 드	Luca & Ingrid Bein(인명)

3)	와이너리	Beyerskloof
	의　미	Beyer(인명, Beyers Truter) + Kloof('(남아프리카의 깊은) 협곡')
	산　지	Stellenbosch
	사 이 트	www.beyerskloof.co.za
	브 랜 드	Synergy('협동') Reserve('비축') Beyerskloof Lagare(La gare '정거장, 역') Cape('곶, 갑')

4)	와이너리	Bouchard Finlayson
	의 미	Bouchard(인명, 프랑스 부르고뉴의 와인메이커 Bouchard) Finlayson(인명, Peter Finlayson)
	산 지	Overberg
	사 이 트	www.bouchardfinlayson.co.za
	브 랜 드	Galpin(인명) Peak('봉우리, 산꼭대기, 최고점') Walker(인명) Bay('만') Over('더 높은') + berg('산') Oak(오크(떡갈나무)) Valley('계곡') Crocodile's('① 악어 ② 위선자') Lair('굴, 집, 우리') Kaaimansgat(=Crocodile's Lair) Mission('전도, 사명, 임무') + Vale('골짜기, 계곡') Sans(~없이) Barrique(=barrel '오크통') Limited('제한된') Edition('(초판, 재판의) 판') Blanc('흰(색)') De Mer('바다') Hannibal(인명, 카르타고의 정치가, 장군, 제2차 포에니전쟁을 일으켜 육로로 피레네 산맥과 알프스를 넘어서 이탈리아로 침입, 각지에서 로마군을 격파했다) Tete('머리, 이성, 생명, 우두머리, 정점') de Cuvee('한통 (가득), 한통에서 생산되는 포도주')
5)	와이너리	Buitenverwachting
	의 미	Buitenverwachting('기대를 넘어서'라는 뜻)
	산 지	Constantia
	사 이 트	www.buitenverwachting.com
	브 랜 드	Varietal('변종의, 품종의') Christin(인명) Meifort(인명)

6)	와이너리	De Toren
	의 미	De Toren(인명)
	산 지	Stellenbosch
	사 이 트	www.de–toren.com
	브 랜 드	Fusion('혼합') V(CS, Mer, CF, Mal, PV) Diversity('다양성, 변화')

7)	와이너리	DGB
	의 미	DG(인명, Douglas(스코틀랜드 고지의 '검고 작은 강'이란 뜻) Green) B(Bellingham 지명으로 'Pretty fields'의 뜻)
	산 지	Franschhoek
	사 이 트	www.dgb.co.za
	브 랜 드	Bellingham(지명) Culemborg(지명) Douglas Green(지명에서 유래된 인명) Legacy('유산, 유증(재산)') Millstream('물방아를 돌리는 물(용수로)') The Saints('성자') Tall('키가 큰, 훌륭한, 용감한') House('집') Text('주제, 본문') St Augustine(영국에 포교한 로마 선교사 성 아우구스티누스)

8)	와이너리	Drostdy – Hof
	의 미	Drostdy(인명, De Oude Drostdy = 1804년 Drostdy Manor('영지, 영토')로 알려짐) – Hof(=Court '정원')
	산 지	Cape Town
	사 이 트	www.drostdywines.co.za
	브 랜 드	Varietal('변종의, 품종의')

9)	와이너리	Fairview
	의　미	Fair('대단한') +view('경치')
	산　지	Paarl
	사 이 트	www.fairview.co.za
	브 랜 드	Solitude('고독, 쓸쓸한 곳, 외로움, 황야') Varietal('변종의, 품종의') Goats('염소') do Roam('(정처 없이) 걸어 다니다, 배회하다') = 프랑스 Cotes du Rhone 지명의 페러디
10)	와이너리	Flagstone Winery
	의　미	Flagstone('(길에) 까는 돌'을 의미)
	산　지	Stellenbosch
	사 이 트	www.flagstonewines.com
	브 랜 드	Noon Gun('오포') Free Run('널찍한 곳에 풀어놓고 맘껏 뛰어놀게 하는 것') Heywood(인명) House('집') Two('2') Roads('길') Wallflower('계란풀(겨잣과의 관상용 식물)') Semaphore('수기신호, 신호장치') Longitude('경도, 경선') Dragon Tree('용혈수') Writer's Block('작가의 슬럼프, 창작 정돈 상태') Music('음악') Room('방') Bowwood(인명) Cellar(포도주 저장고) Hand('손') Fiona(인명, 켈트어로 '희다, 아름답다')의 뜻) Fish Hoek(어촌마을 이름) Jack & Knox(인명) Mary Le Bow(인명) Ses' Fikile(인명) The Berrio(인명) Verjuice('신 맛이 나는, 과즙의, 까다로운') Dark Horse('경마에서 실력 미지수의 말, (경기, 선거 등에서) 의외의 강력한 경쟁상대')

11)	와이너리	Ingwe
	의 미	Ingwe(=Chief '장, 리더')
	산 지	Stellenbosch
	사 이 트	www.ingwewines.co.za
	브 랜 드	★보르도 알랭 무엑스 Alain Moueix에서 투자 Ingwe Amehlo

12)	와이너리	Jordan
	의 미	Jordan(인명, Gary & Kathy Jordan 히브리어로 '사해를 향하여 아래로 흐른다' 라는 뜻의 요단강에서 유래)
	산 지	Stellenbosch
	사 이 트	www.jordanwines.com
	브 랜 드	Bradgate(공원 이름) Chameleon(카멜레온(지조 없는 사람, 변덕쟁이, 작은 사자에서 유래)) Reserve('비축') Jordan

13)	와이너리	Kaapzicht
	의 미	Kaapzicht(Cape Town과 Mt. Table 위의 농가 언덕들로부터의 아슬아슬한 경치를 따서 이름 지음)
	산 지	Stellenbosch
	사 이 트	www.kaapzicht.co.za
	브 랜 드	Steytler(인명, The Steytler Family) Vision('시각') Cape('곶, 갑') Blend('혼합') Varietal('변종의, 품종의') Bin 3(① (뚜껑 달린) 큰 상자 ② 포도주 저장소(지하실의)) Estate('소유지') Classic(일류의, 고전의) Combination(결합, 공동, 연합)

14)	와이너리	Klein Constantia
	의　미	Klein(인명) Constantia(지명으로 '신념, 고정된'의 의미)
	산　지	Constantia
	사 이 트	www.kleinconstantia.com
	브 랜 드	Varietal('변종의, 품종의') Noble('고귀한') Late('늦은') Harvest('수확') Marl('이회암, 이회토') + brook('시내, 개천') Vin(=Wine) de Constance

15)	와이너리	Kumala
	의　미	Kumala(= 'to do things differently' '다르게 (일, 생각)하는 것'의 의미)
	산　지	Stellenbosch
	사 이 트	www.kumalausa.com
	브 랜 드	Varietal('변종의, 품종의')

16)	와이너리	La Motte
	의　미	La Motte(1709년 위그노 파의 삐에르 주베르(Pierre Joubert)가 자신의 프랑스 고향 이름을 따 지음)
	산　지	Franschhoek
	사 이 트	www.la-motte.com
	브 랜 드	Varietal('변종의, 품종의') Pierneef('Pier(부두, 방파제)' + neef(인명에서 유래)) Millennium(천년간, (상상의) 황금시대)

17)	와이너리	Morgenster
	의 미	Morgen('아침') + Ster('별')
	산 지	Stellenbosch
	사 이 트	www.morgenster.co.za
	브 랜 드	Morgenster Morgenster Lourens(인명) River('강') Valley('계곡')

18)	와이너리	Morkel Estate
	의 미	Morkel(인명, Philip Morkel) Estate('소유지')
	산 지	Cape Town
	사 이 트	www.bellevue.co.za
	브 랜 드	Varietal('변종의, 품종의') Rozanne(인명) Atticus(인명) Tumara(인명) P.K. Morkel(인명)

19)	와이너리	Nederburg
	의 미	Neder('낮은') + burg('읍(town), 시(city)')
	산 지	Stellenbosch
	사 이 트	www.nederburg.co.za
	브 랜 드	Duet('이중창, 이중주') Edelrood(인명) Baronne('남작부인') Lyric('서정(시)의, 오페라 풍의') Prelude('전주곡, 서곡') Private(사적인, 비공개의) Bin((뚜껑 달린) 큰 상자) Varietal('변종의, 품종의') Premiere(첫째의, 최초의) Cuvee(한통 (가득), 한통에서 생산되는 포도주) Brut(가공하지 않은 자연 그대로의)

20)	와이너리	Neil Ellis Wines
	의 미	Neil Ellis(인명)
	산 지	Stellenbosch
	사 이 트	www.neilellis.com
	브 랜 드	Vineyard(포도밭) Selection('선발') Premium(특히 우수한, 고급의) Magnums('큰 술병')

21)	와이너리	Plaisir de Merle
	의 미	Plaisir de Merle(17세기 이곳에 이주해온 초기의 프랑스 정착인이 프랑스의 작은 마을 'Le Plessis Marly'라는 이름에서 명명 Plaisir('기쁨, 즐거움, 만족') de Merle('티티새'))
	산 지	Paarl
	사 이 트	www.plaisirdemerle.co.za
	브 랜 드	Varietal('변종의, 품종의') Grand('위대한') Plaisir('기쁨, 즐거움, 만족')

22)	와이너리	Rose Garden Vineyards
	의 미	Rose('장미(꽃)') Garden('정원')
	산 지	Paarl
	사 이 트	www.rosegardenvineyards.com
	브 랜 드	Premier(첫째의, 최초의, 가장 오래된) Reserve('비축') Varietal('변종의, 품종의')

23)	와이너리	Stark Conde
	의 미	Stark Conde(인명, Jose & Stark Conde)
	산 지	Stellenbosch
	사 이 트	www.stark-conde.co.za
	브 랜 드	Stark Varietal Conde Varietal

24)	와이너리	Steenberg
	의 미	Steen(인명) + berg('산')
	산 지	Constantia
	사 이 트	www.steenberg-vineyards.co.za
	브 랜 드	Varietal('변종의, 품종의') Round('둥근') Label('라벨') Reserve('비축')

25)	와이너리	Thelema Mountain
	의 미	Thelema(그리스어로 '자유의지', '뜻', '의지'의 뜻)
	산 지	Stellenbosch
	사 이 트	www.thelema.co.za
	브 랜 드	Arum('아룸속 식물(천남성과)') + dale('(구릉지대 등에 있는 넓은) 골짜기') The Mint('민트') Varietal('변종의, 품종의') Ed's(인명) Reserve('비축') Sutherland(영국 스코틀랜드 북서부에 있던 지명)

26)	와이너리	Vergelegen
	의　미	Vergelegen(=Situated far away '먼 곳에 위치해 있는'의 의미)
	산　지	Stellenbosch
	사 이 트	www.vergelegen.co.za
	브 랜 드	Vergelegen V Varietal('변종의, 품종의') Reserve('비축') Vin(=Wine 포도주) de Florence(이탈리아 중부의 도시 ; 이탈리아 명 　　　Firenze)

27)	와이너리	Villiera
	의　미	Villi(=Villus(식물) 연모의 복수) + era('시대, 시기') = 지명
	산　지	Stellenbosch
	사 이 트	www.villiera.co.za
	브 랜 드	Inspiration('영감, 신통한 생각') Varietal('변종의, 품종의') Fired('불타는') Earth('지구') Down to Earth('실제적인, 현실적인, 솔직히) Cellar(포도주 저장고) Door('문') Noble('고귀한') Late('늦은') 　　　Harvest('수확')

28)	와이너리	Waterford
	의　미	Water('물') + ford('여울')로 '아일랜드 동남쪽에 있는 항구도시'
	산　지	Stellenbosch
	사 이 트	www.waterfordvineyards.com
	브 랜 드	Varietal('변종의, 품종의') Kevin Arnold(인명) Pecan('호도나무의 일종') Stream('흐름, 내, 개울') Family('가족') Reserve('비축')

29)	와이너리	Winecorp
	의 미	Wine('포도주') + Corp(=Corporation '조합, 단체')
	산 지	Stellenbosch
	사 이 트	www.winecorp.co.za
	브 랜 드	Spier(①정찰(감시)하는 사람, 스파이 ② 오래된 네덜란드 언어로 Bulrush(큰고랭이속의 식물, 파피루스(Papyrus)를 뜻함)) Private(사적인, 비공개의) Collection(수집, 소장품) Vintage(특정 일기의, 포도수확기) Selection('선발') Inspire('격려하다') Discover('발견하다, 밝히다') Savanha Special(특별한) Reserve('비축') Winemakers(포도주 제조자) Selection('선발') Savanha(Savanna '(아)열대의 대초원') Sun('태양')

30)	와이너리	Zonnebloem
	의 미	Zonne(인명) + Bloem(네덜란드어로 '꽃')
	산 지	Stellenbosch
	사 이 트	www.zonnebloem.co.za
	브 랜 드	Varietal('변종의, 품종의') Laureat(=Laureate(명예의 상징인) 월계관을 쓴, 영관을 받은 사람, 수상자)

기타

- Bellevue Estate : (Belle('좋은, 아름다움') + Vue('전망'))
- Omnia Winery : (Omnia 라틴어로 '시작 – 무한 – 모든 것'의 의미)
- Siyabonga : (Xhosa어로 'Giving Thanks', '축사하다'의 뜻)

참고문헌

1. 인명으로 보는 세계사_21세기연구회(시공사)

2. 지명으로 보는 세계사_21세기연구회(시공사)

3. 지명으로 알아보는 교실 밖 세계사_쓰지하라 야스오(혜문서관)

4. 지도로 보는 세계사_미야자키 마사카쓰(이다미디어)

5. 하룻밤에 읽는 세계사/세계사2_미야자키 마사카쓰(Random House)

6. 하룻밤에 읽는 유럽사_윤승준(Random House)

7. 에피소드로 본 세계사_김은호(행담출판)

8. 이야기 프랑스사_윤선자(청아출판사)

9. 호주의 역사_F.G.클라크(나남)

10. 영국의 역사(상, 하)_나종일(한울)

11. 가자 세계로 뉴질랜드_김시완(서울문화사)

12. 와인에 담긴 역사와 문화_최영수 외(북코리아)

13. 와인_김준철(백산출판사)

14. 남국의 와인_최훈(자원평가연구원)

15. 보르도 와인_한관규(GrandvinKorea)

16. The Red Wine_Michael Edwards(Apple)

17. Wines of Bordeaus_David Peppercorn(Mitchell Beazley Wine Guides)

18. Fine French Wines_James Turnbull(Flammarion)